大话方言

易中天 著

云南人民出版社

果麦文化 出品

目录

南腔北调

南方与北方 / 003

南腔与北调 / 007

方言与官话 / 011

谁跟谁学 / 015

多样与统一 / 019

再说南方 / 023

再说北方 / 027

南征北战 / 031

朝秦暮楚

英雄与美人 / 037

行尽潇湘到洞庭 / 041

吴楚东南坼 / 045

不要问我从哪里来 / 049

一堆石头 / 053

杂交品种 / 057

东拉西扯　　洋芋与土豆　/ 063

胡番与西洋　/ 067

佛国梵音　/ 071

老母鸡变鸭　/ 075

引进与发明　/ 080

外语与方言　/ 084

死去活来　　上海口头禅　/ 089

北京流行语　/ 093

从头到尾　/ 097

妹妹你大胆地往前走　/ 101

新与旧　/ 106

张冠李戴　　嗝儿屁着凉大海棠　/ 111

　　　　　　　禁忌种种　/ 114

　　　　　　　说一不二　/ 118

　　　　　　　口彩　/ 122

指桑骂槐　　麻烦与趣味　/ 127

　　　　　　　吃不了兜着走　/ 131

　　　　　　　捣糨糊，还是倒江湖　/ 136

　　　　　　　活法与说法　/ 140

　　　　　　　雅与俗　/ 144

　　　　　　　再说雅俗　/ 148

南腔北调

中国历来就有关于南方和北方的种种说法：南辕北辙、南征北战、南来北往、南下北上等等。这些说法都不能颠倒或互换。比如南辕北辙就不能说成是北辕南辙，南征北战就不能说成是南战北征，同样，南腔北调也不能说成是南调北腔。

奇怪！为什么南是腔而北是调呢？

南方与北方

天地玄黄，五谷杂粮，男人女人，北方南方。

南方和北方，不一样，就是不一样。

南方和北方吃的不一样。南方人吃米，北方人吃面。米就是水稻，面则是小麦。水稻的籽儿去了壳就能吃，因此是米。麦子要磨成粉以后才能吃，因此是面。米就是"去皮后的作物籽实"，如稻米、薏米、花生米。由此及彼，凡粒状的也都叫米，如姜米、虾米、高粱米。面，本写作一个"麦"字加一个"丏"字，也写作"麺"，就是麦子磨成的粉，所以粉状的东西都叫面，如豆面、药面、胡椒面。北方人以面食为主，甭管是吃包子、饺子、馒头、面条、饼，都先得把麦子磨成了粉再说。所以麦子磨成的粉，干脆就直接叫面。南方人不磨面，要磨也就是磨浆，比如豆浆、米浆。所以那麦子磨成的粉，不能简单地只叫面，得叫面粉，就像在北方，大米做成的主食不能简单地只叫作饭，得叫米饭一样。

米饭不能单吃，得有菜，所以南方的烹调，功夫花在菜上。八大菜系，基本上是南方人大显身手，没北方人多少戏。北方厨师的用武之地在白案。那麦子磨成的粉，可以做出好多花样来。光是条状的，就有拉面、擀面、压面、揪面、切面、挂面、刀削面、拨鱼子等等，而拉面之中，又有拉条子、揪片子、炮仗子种种。南方人弄不清这么多名堂，统统称之为"面"。要细分，也就是宽面细面、汤面炒面、云吞面炸酱面。北方人就不能把面粉做成的条状食物简称为"面"，得叫"面条"，以区别于面糊、面皮、面包，以及其他用"面"（面粉）做成的东西。同样，南方人也不把粉状的东西称为"面"，得叫"粉"，比如胡椒粉、花椒粉、辣椒粉。

可见，活法不一样，说法也不一样。

说法不一样，唱法也不一样。北方人唱歌，南方人唱曲，叫"北歌南曲"。北方人唱的是燕赵悲歌，苍凉激越，声遏行云，气吞万里；南方人唱的是吴越小曲，玲珑剔透，凄婉隽永，韵味无穷。歌变剧（歌剧），曲变戏（戏曲）。所以宋元时期的戏剧，北方的叫杂剧，南方的叫戏文，这就叫"北剧南戏"或"南戏北剧"。

戏剧戏剧，戏和剧，都有嬉戏娱乐的意思，它们原本是可以通用的。但北方人更喜欢剧烈的剧，南方人则更喜欢游戏的戏。在这方面，南方人似乎比北方人更固执。北方人只不过"剧"字用得多一点，有时也说"戏"。南方却直到二十世纪四十年代以前还拒绝使用"剧"这个字。一应与戏剧有关的词，均以"戏"字命名，如戏子、戏台、戏园、戏班、古装戏、时装戏、木偶戏、文明戏。文明戏就是话剧，而电影则叫影戏。1939年，上海的报纸上开始提倡"越剧"这个名词，可老百姓还是管它叫"绍兴戏"（绍剧则叫"绍兴大班"）。甚至京剧，原本也叫京戏，后来要普及国语，北方话占了上风，京戏才变成了京剧。但在南方许多地区，地方戏还是不叫"剧"而叫"戏"，比如闽南的梨园戏、高甲戏、歌仔戏。就连"地方戏"这个词，也没人改成"地方剧"。反倒是，北方一些地方戏，不叫"剧"，而叫"戏"，如坠子戏（河南）、郿鄠戏（陕西）。于是，既有豫剧、越剧、川剧、粤剧、汉剧、楚剧、湘剧、赣剧、闽剧、沪剧，又有柳琴戏、辰河戏、采茶戏、花鼓戏、皮影戏、滑稽戏。南北"戏""剧"之争，算是打了个平手。

但如果要较真，就会发现还是南方吃了亏。叫"剧"的都是大剧种，叫"戏"的则多半是小剧种。最有名的，也只有一个黄梅戏。其余的就名不见经传。当然，最牛的还是秦腔。它不叫"戏"，也不叫"剧"，而叫"腔"。说起来秦腔也是颇有资格的。京剧（还有汉剧和徽剧）里的"皮黄"（西皮、二黄）和秦腔都有瓜葛。秦腔从襄阳传到武昌、汉口，就变成了"西皮"；传到安徽桐城，就变成了"高拨子"；高拨子和吹腔在徽班中又演变成"二黄"。这西皮、二黄，汉调、徽调，北上进京一搅和，就成京剧了。看来，这京剧也是"南腔北调"，秦腔自然也有资格不掺和什么"戏""剧"之争，自顾自地吼它的"腔"。

南方和北方不一样的地方还很多。南人睡床，北人睡炕，这叫"南床北炕"。南人坐船，北人骑马，这叫"南船北马"。

"南方人指路，总是说前后左右；北方人指路，总是说东西南北。"（韩少功《阳台上的遗憾》）说前后左右，是以人为坐标；说东西南北，是以物为参照。这也许可以叫"南人北物"。南北的差异为什么这么大？环境使然。南方潮湿，架床便于通风；北方寒冷，打炕可以取暖。北方多平原，平原上好跑马；南方多水乡，水乡里要行船。马驰平原，视野辽阔，东西南北，一目了然；船行水乡，曲里拐弯，说东西南北也去不了，就只好说前后左右了。

就连打架，南方和北方都不一样。南方人喜欢用拳，北方人喜欢用腿，叫"南拳北腿"。南方人个子小，打架的地方也小，深街小巷，挤挤巴巴，难以施展，还是用拳头便当。北方天高地阔，一马平川，好汉们又一个个人高马大，一脚飞起，能把对方踢出二三里地去，很是过瘾，所以愿意在腿脚上下功夫。也所以，一个男人和一个女人关系暧昧，在南方就叫"有一手"，在北方则叫"有一腿"。

南方和北方，不一样，就是不一样。

于是就有了方言。

南腔与北调

方言首先分南北。

南北方言不一样。

中国历来就有关于南方和北方的种种说法：南辕北辙、南征北战、南来北往、南下北上等等。这些说法，都不能颠倒或互换。比如南辕北辙就不能说成是北辕南辙，南征北战就不能说成是南战北征，同样，南腔北调也不能说成是南调北腔。

奇怪！为什么南是腔而北是调呢？

想来大约也是南北方言多寡有别又性质有异之故。南方方言种类多而北方方言种类少。汉语七大方言（也有说八大的），吴、湘、赣、客、粤、闽（或闽南、闽北）都是南方方言，属于北方的只有一种，也没法拿省份来命名，干脆就叫北方方言。

北方方言品种虽然单一，覆盖面却大得吓人。北方方言四大块（即四大次方言区），曰华北，曰西北，曰西南，曰江淮，简直就是铺天盖地。除广西、新疆、西藏、青海、内蒙古等少数民族地区外，长江以北，长江以南镇江到九江，云、贵、川，湖北大部，湖南西北，广西西北，都是北方方言的一统天下，大约占据了全国汉语地区四分之三的地盘。就连海南岛，也有一小块北方方言区。说汉语的人当中，也有七成是说北方方言的。这可真是四分天下有其三了。

这样广阔的地域，如此众多的人口，说起话来，原本应该南腔北调的，然而实际上内部分歧却相当之小。从满洲里到昆明，空中直线距离三千公里，从南京到酒泉，也有两千公里，相互通话却没什么困难。因为北方方言虽说也算得上是五花八门，但语法结构差别很小，词汇方面比较一致，语音分歧也不很大。比方说，都没有浊塞音、浊塞擦音，没有b、d、g、m四个辅音韵尾，等等。也就是说，腔都差不多，就是调门不大一样。区分各地方言，只要琢磨那调就行了（方言学家李荣就用入声字的归来区分北方方言各次方言区）。这也不奇怪，北方方言是"官话"嘛！官家不比民间，说话可以随便。官家要统一意志，怎么能七嘴八舌？要令行禁止，怎么能言语不通？所以官话趋同。

南方那边呢？就复杂多了，南北方言都有。云、贵、川、鄂都属北方方言区，吴、湘、赣、粤、闽则是南方方言区，其中还夹杂着许多"客家方言岛"（也是南方方言）。客家方言岛到处都是，除广东的东部北部外，福建、台湾、江西、广西、湖南、四川，都有。所以广东一省，就至少有三种方言：属于粤语的"白话"（广州话）、属于闽语的潮汕话和梅县一带的客家话。其实中国南方说是八大方言，只怕八十也不止。光是福建，就号称"八闽互不交通"。这不就八种了？这还是往大里说。往小里算，还不定多少。

南方方言为什么要列出这么多品种呢？因为它们不但调不同，连腔都不一样。比如吃饭的"吃"，北方人说话，怎么听也是"吃"，也就是调门有高有低，声调有长有短。南方人呢？说什么的都有。七、恰、夹、塞、噎、携，反正不是"吃"。腔相同，事情就好办一些。所以北方人和北方人说话，或北方方言区内人说话，虽说也会有不清楚的时候，但好歹大致能听懂。因为哪怕是东北话和云南话，也只有百分之二十的语音不同（粤方言与北方方言语音上的差别则多达百分之七十）。当然，听不明白的时候也有，但那多半是弄不清那些"专用名词"的意思。比如一个天津人告诉你，某某人"干活崴泥，说话离奚，背后念三音"，你也会一头的雾水。因为你实在想不到"崴泥"就是不出力，"离奚"就是不着谱，"念三音"就是讲怪话，可"崴泥""离奚""念三音"这几个词你还是听得懂。对方再一解释，也就什么都明白了。

听南方人讲话，麻烦就大了。首先是用词五花八门。比如第三人称，北方方言区都叫"他"。南方呢，有叫"伊"的（吴语、闽语），有叫"渠"的（赣语、粤语、客家话），还有叫"伲""其"的（吴语）。你，至少也有"侬"（吴语）和"汝"（闽语）两种。又比如祖母，北方基本上一律叫"奶奶"。南方呢？有叫"娘娘"（温州）的，有叫"婆婆"（南昌）的，有叫"阿妈"(厦门)的,有叫"阿嬷"(广州)的,有叫"依嬷"(福州)的,有叫"细爹"(岳阳)的,甚至还有叫"娭毑"(长沙)的,你弄得清?最可笑的,是广州人管父亲叫"老豆"。老爸如果是老豆,那咱们是什么?豆芽菜呀?写成"老窦"也不对。老爸是大窟窿,咱们是小窟窿?

就算是用同一个词,也未必听得懂。"有"是"乌","无"是"馍",到底是有还是没有?再说,也不是所有的南方人都把"没有"叫"馍",也有叫"猫"的。他们也常常分不清l和n这两个声母、an和ang这两个韵母。结果,在他们嘴里,男子变成了"狼子",女子变成了"驴子"。闽南人更好玩,干脆把人统统叫作"狼",整个一"与狼共舞"。一个闽侯人在朗读《愚公移山》时,因为实在改不过腔来,便把那段名言"我死了还有子,子死了还有孙,子子孙孙是没有穷尽的",念成了"我死了还有煮,煮死了还有酸,煮煮酸酸是没有穷尽的"。这还是说"普通话"。要是说家乡话,那就更麻烦了。湖南人把"捆扎"叫"tiá",把"劳累"叫"niá",连个同音字都找不到,你听得懂?

南方方言还颠三倒四。比如"死人咸",就看不懂。死人只会臭,怎么会咸呢?腌鱼啊?原来,这是闽南话,意思是"咸得要命""咸死人了"。因为闽南人喜欢把话倒过来讲,就弄得我们不知所云。其实北方也有类似的说法,比如"死咸死咸",只不过当中并不夹一个"人"字,就好懂些。

所以,听南方话就跟听外语似的,恨不得找个翻译来才好。

方言与官话

说起来也是。要不是当年秦始皇统一了中国,南方这些方言,可不就是外语?不过那时"外语"的地位可不像现在这么高,要想活得人模狗样就非得"至少掌握一门"不可。相反,它还被看作是野蛮文化的象征。孟子就说南方人是"鴃舌之人"。鴃就是伯劳鸟,"鴃舌"也就是说话像鸟叫。可见,把南方方言视为"鸟语",也是由来已久,少说也有两三千年历史了。

那时不但语音不统一,南方一片"鸟语花香",北方也有"齐东野语",就连文字也五花八门。用许慎的话说,就是"言语异声,文字异形"。秦始皇统一了文字(书同文),却统一不了语音(语同音)。反倒是,文字统一以后,沟通的困难少了许多,听不懂,还可以写出来看,大家也就懒得再去统一语音,故方言存焉。

所谓方言,其实也就是"四方之言"。华夏民族昔以中央自居,视自己为"中",视周边民族(东夷、西戎、南蛮、北狄）为"外"，则方言也就是"外语"。后来，天下一统，五族共和，成了一家子，又把更外边的"老外"，什么英吉利、法兰西、德意志、葡萄牙看作"夷狄"，称为"夷人"，老百姓则称其为鬼子、鬼佬或鬼崽。如此，则外语就该叫"夷语"或"鬼话"。可惜后来大清帝国已不大摆得起谱，条约规定不得称"夷"——鬼子们在中国混的日子长了，也知道那"夷"不是什么好字眼，于是改称"方言"。当年，湖广总督张之洞在武昌创办的"方言学堂"（即今武汉大学前身）就是外语学院。这回，东洋西洋，南洋北洋，又跟一家子似的了。

自打夷语改称方言，倒是没听说鬼子们有什么意见。实际上他们又上当了。这是"春秋笔法"，他们不懂的。什么是方言？就是"地方之言"。地方上的比起中央来，还是低了一等，鬼子们不明不白又吃了一个暗亏。在玩弄辞藻讲究名分这方面，他们从来就不是咱们的对手。

中央的话语就是官话，也就是国语。官话和国语也是古已有之的，三千年前就有，只不过那时叫"雅言"。雅言也就是周王室使用的语言。因为那时五方之民，"言语不通，嗜欲不同"，又都尊周王为天下共主，则相互之间要沟通，要交流，要朝聘会盟，要各怀鬼胎去打这个打那个，便约定都以周王室的语言为政治外交场合的正式通用语言，这就是"雅言"。雅，就是雅正、规范。那么，谁来规范呢？诸侯们是没有资格的。有资格的只能是"天子"。同样，谁需要把话说得一本正经呢？庶民们是没有这个需要的，有此需要的只会是诸侯和大夫。所以,雅言就是官方语言,也就是官话。

不过,那时的官话称作"雅言",也还有一个原因,就是"雅"通"夏"。所谓"居楚而楚,居越而越,居夏而夏","越人安越,楚人安楚,君子安雅",雅就是夏。夏,就是华夏,也就是中原,甚至也就是中国(中央之国)。认真说来,这华夏中国的雅言,在当时也不过只是诸国国语中的一种,只因为它为"天下共主"所有,这才成了"国际通用"的官方语言。因此,等到天下一统,没什么"国际关系"了,雅言也就作废,而代之以"官话"。官话就是官场中人说的话。中央政府派到各地去的官员都要说这种话,所以叫官话。

官话之所以叫官话,还因为只有在官员当中,这种民族共同语才推行得开。这也不奇怪。想那时并无广播电视,一般民众又都猫在家里,守着祖上传下来的那一亩三分地过日子,谁也不轻易往外跑,没什么对外交流的需要。大家都是乡里乡亲的,会说土话,就足以打招呼、走亲戚、娶媳妇,拿鸡蛋换油盐酱醋的了。要想让这些普通老百姓都学会"普通话",不比让黄河水变清容易多少,也没这个必要。有此必要的,是那些必须得在外边跑来跑去的人。这些人,一是官员,二是走江湖的。走江湖的,天子呼来不上船,中央政府历来管不了,管得了的只有官员。再说官员不管也不行。官员如果也说方言,皇上问起话来,也如鸡同鸭讲,那还成何体统?事实上,官场如无共同语,则政情无法通晓,政令也无法通达,那可真是国将不国。比方说,将军带兵打仗,问部下前方有没有敌人。明明有，却答之以"乌"，将军以为"无"，岂不糟糕？

因此，做此官，就不但要"行此礼"，还得"说此话"。清廷更是明文规定："举人、生员、贡监、童生，不谙官话者不准送试。"做官就更谈不上。这下"南蛮鴃舌之人"可就惨了。他们只好硬着头皮学官话。中国的中央政权，从来就在北方。元、明、清三朝，更是连续在北京建都。所以官话基本上就是北方话，甚至是北京话。说吴语、湘语、赣语的还稍好些，闽、粤、客家，和北方话的距离相去何止以道里计？结果便是南方人听着像北方话，北方人听着又像南方话，谁也听不明白。

难怪俗谚有云："天不怕，地不怕，就怕广东人说官话。"广东人说官话确实比较困难，他们的舌头打不了弯儿。投资是"投机"，虾饺是"瞎搞"，"坐在船头看郊区，越看越美丽"，让北方人一听，就是"坐在床头看娇妻，越看越美丽"。福建人的官话水平比广东人高了许多，但还是会把"粉红凤凰飞"说成"哄（上声）红哄（去声）黄灰"。因为闽方言中没有唇齿清擦音f，结果该念f的都念成h。可见，南腔北调这说法是很有道理的。腔改不过来，改调也没用。普及官话，并不那么容易。

谁跟谁学

一般地说，官话也就是国语，但清朝的情况有些特别。因为清是满族人坐天下的朝代，所以清代的"国语"是满语，汉语倒成了"方言"。清朝制度，皇亲帝胄，都要学"国语"；重要公文，也用满汉两种文字书写。然而这"国语"仍然未能普及推广，反倒是八旗子弟都一口的京片子，弄得满文化差一点就断了香火，还得靠锡伯人帮忙续上。

可见语言问题也不单纯，它和政治，和经济，和文化，都有扯不清的瓜葛。当年，中华民国国会投票定国语，一些粤籍议员要选广东话。粤籍议员人数多，当真搞"民主"，没准会通过，幸亏被"国父"中山先生苦口婆心劝住了，仍定为北京话。要不然，当官的都得学粤语，小学校也用粤语教学，课本上尽是些诸如"咁""叻""吪""乜"之类没几个人认识的字，还不定乱成什么样子。现在怎么样呢？没谁动员，大家都屁颠屁颠地学起来，哇噻啦，威水啦，搞掂啦，埋单啦，谁不说谁老土。

这很让一些人愤愤不平。从古到今，两千多年了，从来只有普及官话的，哪有普及"商话"的？其实，语言的变迁从来就是"趋炎附势"的。哪个地方财大气粗，大家就跟着学哪个地方的话。粤语成为时尚，只不过是近几年的事。因为改革开放以来，广东先富了起来，代表着富裕的新生活方式也都先从广东登陆，然后再大举"北伐"。再说香港也说粤语。内地人没去过香港，以为那里遍地是黄金，人人是阔佬。会说粤语，便可以冒充"富族"，至少也表示见过世面，不"土"。

不过，先前那些崇洋媚外的"假洋鬼子"和"业余华侨"，却是以说上海话为荣、为时尚的。一百年前，香港可不叫"小广州"，而叫"小上海"。因为上海才是真正的国际化大都会，远东亚洲新兴城市的"一只鼎"，新生活和现代化的代名词。那时，做一个上海人是很体面的，会说上海话则几乎是"高等华人"的标志。即便在香港，也如此。

可惜，三十年河东，三十年河西。现如今，上海话吃不开了，吃得开的是广州话或香港话。

其实，犯不着骂谁是"势利眼""跟屁虫"。人往高处走，水往低处流，语言也一样。就说上海话，也并非一开始便是"高等华语"，起先也被人看不起过。上海，原本是华亭的一个镇。所以上海话的方言语音，一度"视华亭为重"。华亭府后来改为松江府，而松江府又是从嘉兴府独立出来的。因此明代的《松江府志》和《华亭县志》述及方言时，都说"府城视上海为轻，视嘉兴为重"。可见，这个时候，上海话的地位还是很低的，谁说上海话谁老土，说嘉兴话才牛。

然而到了清代，嘉兴话又不时髦了，时髦的是苏州话。因为苏州经济发达，富甲一方呀！于是，"府城视上海为轻，视苏州为重"，没嘉兴什么事。民国以后，上海经济比苏州更发达，上海人比苏州人更有钱，又没苏州什么事了，倒是宁波话掺和了进来。现在被外地人看作上海话标志的"阿拉"，就是地地道道的宁波话，而上海人原本是自称"伲"或"我伲"的。但宁波人在上海当老板的多。老板爱说的话，人家也都乐意仿效。比如，现在的老板爱说"埋单"，大家也就不说"结账"。当年的老板既然爱说"阿拉"，大家也就不再说"我伲"。再说"我伲"，就老土了。再后来，上海大大地发了起来，比宁波还老板，大伙儿便集体地侵犯宁波人的著作权，只知道"阿拉上海人"，不知道"阿拉宁波人"。

苏北人（也叫江北人）在上海也很不少，谁又以江北话为时尚呢？没有。因为苏北人当年在上海，多半是"苦力地干活"，也就没人愿意认这门穷亲戚。其实，上海的苏北人那么多，上海话怎么能不受苏北话的影响？只不过除方言学家外，没多少人注意和承认罢了。就连嘉兴话、苏州话和宁波话，后来也不再是时尚。后来成为时尚的，是由嘉兴话、松江话、苏州话、宁波话、江北话甚至广东话，以及其他杂七杂八混杂而成的"上海话"，和明清时代被人看不起的上海话（松江府华亭县上海镇的土话）也不是一码事。

方言就是这样"趋炎附势"又"随波逐流"。它总是不停地"稍息""立正""向右看齐"。向谁靠拢和看齐呢？向中心城市，向有权有势的地方。或者说，向在文化上最有号召力和影响力的地方。

也许，这正是北方方言有那么大地盘和势力的原因之一。

多样与统一

在粤语文化大举"北伐"之前,北方人是看不起粤语的。

北方人管粤语叫"鸟语",说是听起来像鸟叫。广东人比北方人少,就没敢说北方人说话像驴叫。想想广东人也真是可笑。他们把五岭以北的人统统叫作"北佬",包括湖南人。其实湖南人哪里会是"北佬"?明明是"南蛮"嘛!他们当中固然有说西南官话的,算是说北方话,但"正宗"的湖南人说湘语。湘语可是南方方言的一种。何况不论说西南官话的,还是说湘语和赣语的,都吃米,很少吃面。湖南人实在不能算是北方人。

湖南也牛,就像现在的广东。近百年来,湖南这地面上领袖人物出了不少,毛泽东、刘少奇、胡耀邦、朱镕基。再往前,曾国藩也算得上是举足轻重。但湖南话成不了国语。我就是湖南人,要我选国语,也不投湖南话的票。

湖南话怎么就不能当国语呢?除不好懂外,也不好听,远不像北京话那样神完气足、字正腔圆。即便是湖南的官话长沙话,比起北京话来,也土得掉渣。不是长沙话本身有什么毛病，而是因为长沙从来就没有当过全国的政治中心，而一个不是全国政治中心的地方，它的方言是不可能成为国语基础的。

南腔北调的成因也大约就在这里了。中国的政治中心长期在北方。西安、洛阳、开封、北京，统一王朝京城的迁徙，大约是东进北上，转来转去，总在北纬三十四度以上，也就是黄河流域和黄河以北。如果跑到长江以南，那就糟糕，只能叫"偏安"了。所有的臣民，都会盼望那"王师北定中原日"。至于那些建都江南的，则多半是短命王朝，而且只有半壁江山，甚至半边都没有。比如东吴、东晋，南朝的宋、齐、梁、陈，还有南宋，再小一些的不说也罢。定都北方，则往往都能长治久安。比如汉，比如唐，比如宋、元、明、清。明政权本来也是在南京的，后来被朱棣搬到北京去了。这一搬，很持久地就维系了二百多年。

北方总是趋向于统一。统一中国的，也总是北方人，或者从北方开始，南方则总是各自为政，自行其是，包括说话。北方也容易统一。沃野千里，一马平川，站在高处喊一嗓子，大伙儿就全听见了。便是逐鹿中原，也痛快。不像南方，坑坑洼洼，曲里拐弯。到处是崇山峻岭，到处是江河湖泊，重重叠叠，云遮雾障，想抓个俘虏都不容易，人一闪就没了影儿，你上哪儿找去？所以，仗一打到南方，往往就没了快刀斩乱麻的痛快劲儿，拉拉扯扯，纠纠缠缠，没完没了。等到好不容易打下来，也就不复有进行文化统一的雄心壮志。过去怎么过日子，今后也还怎么过日子；过去怎么说话，今后也还怎么说话。哪怕是说"鸟语"，也不管不问了。不这么着也不行，管不了嘛！要管，也只管得了官，管不了民。而且，也只能要求官们在官场上说官话，管不了他们在家里面说土话。

于是，统一的北方就有了统一的语音，松散的南方则继续七嘴八舌。前面说过，北方方言内部的分歧是很小的，语音系统也比较简易。北方方言四大块，华北、西北、西南、江淮。这是现代的分类。隋唐宋金时，北方方言却是汴洛（中原）、燕赵（河朔）、秦陇（关中）、梁益（巴蜀）四类，可见北方原先也不怎么统一。但后来汴洛和燕赵先统一了起来，成为北方方言的代表——华北方言，而且又占领了东三省。秦陇变成了西北，梁益变成了西南，江淮算是后发展的。它们与"正宗"官话（华北方言）的分歧，顶多也就是这三个次方言区中人，可能会男、蓝不分，跟、庚不分，信、性不分，或资、知不分，雌、吃不分，四、是不分。比方说，把"男裤子"说成"蓝裤子"，把"是十九路"说成"四十九路"。其他，也就是调门的事了。

南方方言就复杂得多，和北方方言相比也隔膜得多。比如，一个南方学校的校长宣布："教职工开会，家属也参加。"在北方人听来，便可能是"叫鸡公开会，家畜也参加"。光是听不懂倒也罢了。有些南方话，就连写出来也是看不懂的。比如"伲拨俚吓仔一跳"，"佢分一本书俇"，"我畀狗咬咗"，"汝店遮看会着"，你懂吗？其实它们分别是苏州话"我被他吓了一跳"，客家话"他给我一本书"，广州话"我被狗咬了"和闽南话"你看得见吗"。这种说法,不要说北方人不懂,南方其他地方人也未必懂。

南方方言腔多,调也多。普通话只有三十九个韵母。闽南话却有七十五个,比普通话多了近一倍。粤语也有五十一个。当然,它们的声母要少一些,但发音却极难。声调呢?普通话四个,阴平、阳平、上声、去声;吴语八个,平、上、去、入各分阴阳;赣语六个,平声和去声分阴阳,上声和入声不分;客家话也是六个,平声和入声分阴阳,上声和去声不分;闽语七个,只有上声阴阳不分;粤语声调最多,不但平、上、去、入各分阴阳,而且阴入还分上下(上阴入和下阴入),一共九个,有的地方还有十个。难怪北方人一听到南方话,尤其是听到粤语、闽语,就一个头有两个大——人家声调就有你两个多嘛!

这大约就是所谓南北之别了:北方求同,南方存异。所以八大方言除北方方言外,吴、湘、赣、客家、粤、闽(闽南、闽北),七个在南方。八大菜系,鲁、川、苏、粤、湘、浙、徽、闽,也是七个在南方。

可见,南方多样,北方统一。

再说南方

多样的南方总是有些北方人听来稀奇古怪的词汇，比如饭蚊子（苍蝇，湘方言）、拜东莲（向日葵，赣方言）、红毛灰（水泥，客家方言）、菠棱菜（菠菜，闽方言）。南方人说话也总是和北方人相颠倒，比如闹热（热闹）、欢喜（喜欢）、连牵（牵连）、紧要（要紧）、人客（客人）、挤拥（拥挤），甚至风台（台风）、鞋拖（拖鞋）。这种颠倒的说法，闽语、粤语和客家话尤甚。至于把公鸡叫作鸡公，母鸡叫作鸡婆，在南方相当普遍。由此及彼，还有鸭公（公鸭）、鸭母（母鸭）、猫公（公猫）、猫母（母猫）、犬雄（公狗）、犬母（母狗）、猪牯（公猪）、牛牯（公牛）。

反正，南方总是和北方反着来。

事实上，南方在文化上总是和北方分庭抗礼。和北方动不动就逐鹿中原，喜欢把东西南北都打通了连成一片相反，南方似乎更向往"鸡犬之声相闻，民至老死不相往来"那种"小国寡民"的生活。这话是老子说的。老子是南方人。他的理想，大约也就是南方人的理想。所以在南方,常常隔不了几里地,语言就不通了。比如莆田、仙游,北距福州,南距厦门,都不过一箭之地,但莆仙话和福州话、厦门话就两样。厦门话和福州话,自然更是互不相通。于是,仅福建沿海一线,就弄了个"三国鼎立"。

不是南方人反对统一,而是认为那统一应该是"多样的统一"。一样的中华民族,干吗非得由北方来统一南方,连说话都得学北方话不可?说起来,南方人心里也是有点不平衡。八大方言七个在南方,八大菜系也是七个在南方。可一说起民族,汉满蒙回藏,倒都成北方的了,南方连五分之一都没有。

这里面确实有些历史的恩恩怨怨。历史上南北之间是很有些战争的,而打起仗来也差不多总是南方受北方欺负。楚,是被北方的秦灭掉的。吴,是被北方的晋灭掉的。陈,是被北方的隋灭掉的。也曾灭过南唐、南汉的宋,则被更北方的元所灭。元人灭宋,把臣民分成四等:蒙古人、色目人、汉人、南人。南方人成了四等臣民。

黄帝大约是北方人。北方一马平川,最适合车马奔走,发明了车子的黄帝便号称"轩辕氏"。炎帝大约是南方人。南方草木繁茂,最适合作物生长,尝遍了百草的炎帝便号称"神农氏"。当时更南边的还有九黎族,统率九黎的是蚩尤氏。炎黄联手打败了蚩尤,被俘的九黎族人便成了"三等臣民",叫"黎民"。我们现在老是说"黎民百姓",其实"黎民"和"百姓"不是一回事。黎民是贱民,百姓是贵族,后来才混为一谈。

镇压了九黎族的炎黄二族后来又"窝里反"。南方来的、会煮汤药的炎帝终究打不过武装到牙齿、又有"坦克"的黄帝。于是,打赢了的黄帝坐北朝南,成了华夏正统;战败了的炎帝不知去向,其散兵游勇大约流窜到南方蛮荒之地,成为"南蛮"。

从此但凡有战争,便是"打得赢就打,打不赢就跑",而且都是从北方跑到南方。从南方往北方跑的,没怎么听说过。因为战争总是从北往南打,所以哪怕是黄帝家的"凤子龙孙",碰到了更北边来的"虎狼之师",也只好往炎帝家跑。比如"五胡之乱"时,就有大约六分之一的中原汉人跑到了南方。南宋时,连皇帝也跑来了。客家,也是从中原地区南迁的;近的跑到了江西,远的跑到了广东、福建。赣语、闽语、客家话,就是这些从北方跑到南方的人"创造"出来的。

离乡背井,从北方跑到南方的人,虽说是"败军之将不敢言勇",心里却是不服。不服,才不肯就地求和认输,俯首称臣,才要往南边跑,一心琢磨着东山再起。即便不是什么残兵败将、遗老遗少,南迁也是不得已。因此心里憋着一口气,发誓要让祖宗开创的文化薪尽火传。至少,那话音不能变了。这就叫:"宁卖祖宗田,不改祖宗言。"

所以,你别看南方方言听起来有股子地瓜味儿,认真说来,不少是咱们老祖宗的话,正宗的华夏"雅言"。隋唐以前,今天声母是d、t的,和一部分声母是zh、ch的,都混为一谈,全都读成d和t，也没有唇齿清擦音f。中古以后，就分开了，也有了f。只有闽方言，依然故我，d、t和zh、ch不分，也没f。比如饭，闽南话声母读b；风，则读h。又比如"猪"，福州话读dü，厦门话读di，都是以d为声母。这就是古音了。因为上古时，"者"也是读du的。所以那些以"者"为偏旁的，比如都、堵、赌、睹，现在仍读du；另一些则和"猪"一样，改读成zhu，比如诸、褚、渚、楮、煮、著。改了的新潮，没改的古朴。闽方言没改，因此闽方言古朴。

南方方言中的词汇往往也很典雅古朴，比如面（脸）、目（眼）、食（吃）、饮（喝）、行（走）、曝（晒）、索（绳子）、翼（翅膀）。有些词汇或说法，简直就跟"出土文物"似的。比如"锅"叫"鼎"，"一瓶酒"叫"一樽酒"，"一窝老鼠"叫"一窦老鼠"。这些古色古香的语言主要出现在闽方言、粤方言和客家方言中。因为这三个方言区的先民，不是南下的"难民"，就是南下的"移民"。其所移居之地，又"天高皇帝远"。结果他们的语言，也就跟不上"时代的变化"；虽说并非"不知有汉，无论魏晋"，至少也是唐宋遗韵，充满着文采风流。当然，同时也难免沾染了壮侗，杂糅了蛮僚（读如老），更不大容易听得懂了。

再说北方

北方就两样了。

北方从来就是汉胡杂处之地，北京就更是如此。在历史上，它是汉民族王朝的"北京"，也是北方少数民族王朝的"南京"。南人和北人，汉人和胡人，龙争虎斗，舌剑唇枪，城头变幻大王旗。这一拨来了，那一拨去了，各自的文化积淀了下来，融汇成一种多元共存又浑然一体的东西。人也变了。北方那边，鲜卑、契丹、吐蕃、突厥、女真人也要通婚、联姻。娶的娶了，嫁的嫁了，血统都变了，还说什么语言？就算都说汉语吧，说出来也不再是原来那么回事。少数民族说汉语总是有点"洋泾浜"的。但如果大家都洋泾浜，洋泾浜也就成了正宗和正统。

今天的北方话，可不是当年"华夏雅言"一脉相传直线发展的产物，甚至不是纯粹的"汉语"，里面还有北方游牧民族阿尔泰语的成分。什么满语、蒙古语、朝鲜语，都有，没准还有突厥语。就说北京话，虽说是当今咱们汉民族的"官话"，或官话的基础，其实是个"联合国"。胡同是蒙语，埋汰是满语，尕儿是陕西话，嘎子是上海话。陕西人管钱叫尕儿，北京人也跟着这么说。上海人说"戒指"，北京人听起来像是"嘎子"，结果戒指便变成了嘎子。

北方方言为什么是"八国联军"呢？因为北方趋向于统一呀！这就多少得付出点"代价"。统一中国并不容易。中国地太大，人太多，东西南北，七嘴八舌，谁也甭想一口就"通吃"了。你要别人将就你，你也得将就将就别人。不能将就，就只好打。打到最后，也只好妥协。你让一点儿，我让一点儿，或者你多让一点儿，我少让一点儿。

何况统一也不光是靠打仗，更要靠文化上的磨合和整合。你磨磨我的棱角，我改改你的脾气，两下里这么一磨合，共同的和认同的就留存了下来，差异太大的，也就渐次消亡。就算留了下来，也得变味儿。所以文化整合的结果，不是你吃掉我，我吃掉你，而是你变成我，我变成你，你中有我，我中有你。

北方话就是五湖四海、东西南北相互磨合将就的产物。所以北方话内部分歧小，语法结构差别不大，词汇方面比较一致，语音系统也比较简易。这也不奇怪，彼此之间要妥协将就嘛！既然要相互迁就，就不能太固执，得尽量靠拢才行；也不能太复杂，得尽量简便才行。什么浊塞音、浊塞擦音，发音太困难，都改成清塞音、清塞擦音算了。吴人不改，就随他说去。辅音搞两套，一套b、d、g收尾，一套m、n、ng收尾，太啰唆，有n和ng两个也就凑合。粤人、闽人不嫌麻烦，也悉听尊便。至于声调，就别弄那么多了，七个八个的，谁记得住？四个足矣！也别再弄什么入声字，别别扭扭。再说平、上、去、入，仄声占了三个，也忒多了点儿，还是阴平、阳平、上声、去声为好。平仄各半，平起平坐，谁也没意见。南方人要保留入声，也好，诵读起古典诗词来更有味道。咱们北方，就简单点吧！要统一，就不能斤斤计较，得大而化之才行。

不过靠拢归靠拢，不等于投降；简便归简便，不等于单调。相反，既然云集了东西南北中，汉满蒙回藏，唐宋元明清，只有更加丰富多彩，岂有单调之理？简便又丰富，又岂有不广泛应用之理？于是，北方话便成了汉民族共同语的基础方言。其中北京话又最牛，它的语音成了汉民族共同语的标准音。

这一下，北方话可就了不得了，大有称霸全国之势。我们知道，文化之所以叫"文化"，就因为它总在变化。或者被同化，或者被异化，反正得变化。谁让谁变？谁变成谁？一般地说，总是强势的让弱势的变，或弱势的比强势的变得多一点儿。比如入关以后的满人，虽然是征服者、统治者，可他们在文化上是弱势，结果就被汉文化同化。当然，汉人也向满人学了不少东西。比如好生、外道、敞开、咋呼、巴不得、不碍事、悄默声儿，都是满语。帅、牌儿亮，也是满语。爱新觉罗·瀛生先生《北京土话中的满语》一书中有考证。

优势无非三种。一种是政治上的，一种是经济上的，还有一种是文化上的。经济上，湖广熟，天下足，江南鱼米之乡，历来是繁荣发达之地，富甲一方。文化上也不好讲。自古江南多才子，两湖也不含糊，惟楚多材。为中国文化做出了突出贡献的，南方人不比北方人少。政治上不用说，毛泽东、邓小平、孙中山，都是南方人。文学这边，鲁（鲁迅）、郭（郭沫若）、茅（茅盾）、巴（巴金）、曹（曹禺）。

北方的优势主要是政治上的。万岁爷、宰相府，中央机关各部院都在北方，各地地方官也都是从北方往南方派。他们要说官话，打官腔，就不能坚持再说"鸟语"。于是，"南北之争"就变成了"官民之争"。政治上的优势再加自身的优越性，北方方言自然风卷残云般地便占有了使用汉语人口的百分之七十，占领了汉语地区的四分之三。

南征北战

就在北方方言从华北大本营出发,大举北上(东北、西北)南下(西南、中南)的同时,南方方言也在节节败退。

南方方言区,主要在江南、华南,以及东南沿海一隅。就这么一点点地盘,也不容易守住。西晋末年以前,江南一带是清一色的吴语区,建业(南京)更是吴语重镇。可是后来呢?南京也好,镇江也好,当涂也好,都变成北方官话区了。因为王室南移,偏安江左了呀!别看这些北方士族和流民是避难来的,来到南方,依然"倒驴不倒架",不但不跟着南方人学南方话,还要看不起南方人。士族之间,必须说洛阳话,就像当年俄国的贵族见了面必须说法语一样,谁不说谁没面子。东晋宰相王导,为了笼络南方士族,常常说一点吴语,竟被北方士族耻笑,说王导的本事也就是会学鸟叫。南方人原本可以抗议的,但一来民告官总是告不赢,二来北方人也太多。建康(南京)城里不用说,京口(镇江)和姑熟(当涂)也变成了北方移民的"侨乡",分别叫"南徐州"和"南豫州"。你想这南京变成了洛阳，镇江和当涂变成了山东和河南，那江南还是江南吗？所以现在的宁镇方言，和苏（苏州）、锡（无锡）、常（常州）的吴侬软语，竟是"不可同日而语"。

当然，吴语也不是没有"反攻倒算"过，比如它也曾北上侵入江北的南通、启东、海门、靖江、如东五县，但那是后话，也是特例。通例则是南方人也好，南方话也好，都往更南边跑。吴语也一样。先是从吴国的苏州、无锡和越国的绍兴、诸暨这两个中心往苏南、浙北扩张，后来又跑到浙西、浙南，最后干脆跑到福建，成为闽语的渊源之一。吴语一跑到福建，就安全了，不像在江南时那样老是被别人同化骚扰。所以吴语的原始特征，不保留在吴语里，反倒保留在闽语中。

闽语也好玩，它也往南跑，不过是跳跃式的。比如闽南话，先是"流窜"到潮汕地区，然后沿着粤东海岸往前跳，跨海的跳到台湾，走陆地的一路跳过广东，一跳跳到海南岛去了。如今海南岛一大片地方，说的居然是闽南话，而这两个闽南语方言区之间，竟隔着一大片粤语区和一片客家方言区。

客家也跑了好几次。客家方言在两宋之际定型以后，又从赣南闽西出发往别处走，弄得南方一百多个县都有客家人，也都有客家方言岛。吴楚分界之处被赣语一刀插进，湘语则被挤到了一个小角落里。面对北方官话的咄咄逼人之势，南方本来就招架不住，哪经得起这么折腾？结果弄得跟藩镇割据似的。就连北方官话随着移民南下，也都各自"走失"，有的融入闽粤，有的变成客赣。

这就是南北之别了：北方方言是扩散的，南方方言则是流窜的。扩散的结果是相互融合，流窜的结果则是各自为政。所以，就外来语与原住民土语的关系而言，北方有点像水和面，南方有点像水和油。水和面弄到一起，开始也一塌糊涂，但揉着揉着，也就不分彼此。水和油兑起来，你就是再搅和，那油珠子还在水面上漂着。难怪南方有那么多孤苦伶仃的方言岛。比如南宁市区讲粤语，郊区却讲平话（宋朝时，平南军讲的山东话）。苏南的溧水县也很有趣。吴语和官话的分界线从这个县穿过，结果溧水人就喜欢听两种戏：一种是吴语系统的锡剧，一种是官话系统的黄梅戏，对越剧则不感兴趣。海南岛极南端的崖县更好玩，一个小小的崖城镇，居然讲三种话——闽南话系统的海南话、粤语系统的"迈话"和北方方言系统的"军话"。福建境内，则有浦城县北的吴方言，南平市镇的土官话，长乐琴江的旗下话，武平中山的军家话，真是五花八门。

不过，说南方话是水和油，还只是横向地看。纵向地看则像鸡尾酒，一层一层的。比如闽南话中，不少字都有三种读音，一种是秦汉音，一种是南朝音，一种是唐宋音。这三种读音，是在不同的历史时期形成的，却又都存在于闽南话当中。结果，石头的石不等于石砚的石，它们也都不等于石破天惊的石；草席的席不等于筵席的席，它们也都不等于席卷全球的席。福州话也是。高悬的悬不等于悬落的悬，它们也都不等于悬空的悬。这就有点像日语，一个当用汉字，好几种读音，谁记得住弄得清？难怪北方人一听闽语就头疼，觉得与其学闽语,不如再学一门外语。

北方话就像饺子馅,虽然也有多种成分,可全都混在一起,分不出来;南方话却像千层饼,一层一层,清清楚楚。北方融合,南方积淀。

当然,北语也有层次,南语也有融合。层次是历史分析的结果,融成一体是直接的现实。北方话也不是不搞串联,它也满世界乱跑,甚至还有跑丢了的。香港电影刚进来那几年,听剧中人一口一个"老公",大家都觉得新鲜,跟着学。其实这是北京话,元代就有的。元曲《酷寒亭》里就说:"我老公不在家,我和你永远做夫妻,可不受用?"《竹坞听琴》里也说:"我教你弹琴,正要清心养性,倒教你引老公不成?"然而现在却把它当香港话学,这可真是"出口转内销"了。

方言就是这样"趋炎附势"又"朝秦暮楚"。过去是北方的,现在变成南方的了;过去是人家的,现在变成咱们的了。因此,我们还得和它算一算老账,揭一揭它的老底,看看它是怎么变成现在这副样子的。

朝秦暮楚

不过文化的认同却是超时空的,而且,越是远在他乡,就越是怀念故土。客家人从北国中原来到南方荒蛮之地,虽然也得入乡随俗,但决不肯轻易苟同;只要有可能,他们就会坚持自己独特的风土人情和语言习惯。

英雄与美人

南方六大方言中,资格最老的是吴语。

吴语据说已经有三千多年历史了。它可以追溯到商朝末年的一次大移民。这次移民是太伯和仲雍领导的。太伯和仲雍是周太王古公亶父的儿子。古公亶父一共有三个儿子:长子太伯,次子仲雍,三子季历。大约当爹的总有些偏心,要心疼小儿子一些,又尤其喜欢季历的儿子姬昌,也就是后来的周文王。太伯和仲雍一看没戏,就带着族人跑得无影无踪,史书上的说法是让贤。但如果是让贤,自己躲起来就是,干吗把手下的精兵强将统统带走?又何必连周族的衣服都不穿了,"断发文身",作"野蛮人"状,公然摆出一副不合作的姿态?分明是和老爹、老弟都翻了脸,没准还是被打跑的。"打不赢就往南方跑",也是炎黄时代就创立了的光荣传统,没什么稀罕,也没什么不妥。

不过太伯和仲雍这一跑,就跑得远了,从陕西的岐山一直跑到江苏的苏州、无锡、常州一带,这才站住了脚跟,号称"句吴"。江南这地方,现在是富得流油,当年却是蛮荒之地,叫"荆蛮"。移民也是早就有了的,在绍兴、诸暨一带,是夏禹的苗裔,据说是夏王少康派来给大禹守陵的,叫"於越"。他们的习俗,也是"断发文身",或者"披发文身",大约还保持着夏代的原始风貌,祖上则是中原的羌族。太伯和仲雍他们祖上也是中原的羌族,也"断发文身",这可真是"五百年前是一家"了。

可惜现在是亲兄弟的,尚且难免祸起萧墙,五百年前是一家的,又哪里靠得住?所以后到的句吴,和先来的於越,也免不了刀兵相见,鹬蚌相争。吴越之间的战争,也不知打了多少年,最后打出个"卧薪尝胆"的故事来。不过吴越两族的文化,毕竟相通之处甚多,正所谓"壤交通属,习俗同,言语通",何况还有需要合作的时候。正如《孙子兵法》所言:"吴人与越人相恶也,当其同舟而济,遇风,其相救也如左右手。"("同舟共济"这个成语就是从这里来的。)总之,吴越两国的交往是很多的。不管是战,还是和,总归要沟通,也要融合,彼此之间也会相互影响。于是吴越两国的"国语",就成为今天吴语的原型。直到现在,除宁镇一带"失守"外,吴方言区,大体上也就是当年吴越两国的地盘。

吴语的代表是苏州话。苏州话也被称作"吴侬软语"。侬,是典型的吴语。吴人自称我侬,称别人为他侬、渠侬、个侬,现在则称"你"为侬。反正不管什么人,都是侬,所以叫"吴侬"。不过侬则侬矣,软却不一定。宁波话就不软。因此有"宁听苏州人吵架，不听宁波人讲话"的说法。事实上，吴人和越人原先都尚武好斗。吴王金钩越王剑，吴人更是兵器制造专家。春秋时，最好的兵器都是吴国的兵工厂里打造出来的。什么吴戈、吴钩、吴干，都是。《楚辞》上说："操吴戈兮披犀甲，车错毂兮短兵接。"（《国殇》）应该说是当时战场上的真实写照。难怪伍子胥要报仇雪恨杀楚王，不找别人，非到吴国搬兵不可。"吴王好剑客，百姓多创瘢；楚王好细腰，宫中多饿死。"风气风尚如此，吴语怎么会软？

吴国出兵器，也出丝绸；出英雄，也出美女。吴国的丝绸叫吴绫，吴国的美女叫吴娃，也叫吴姬、吴娘。越国也出美女，叫越艳。"吴娃与越艳，窈窕夸铅红"（李白），弄得吴人和越人都有点英雄气短，儿女情长，吴国也被越国派出的色情间谍所颠覆。再说越人还擅长诅咒，其禁咒术就叫"越方"，越巫、越祝也让人谈虎色变。

然而后来，越国又被楚国所灭。再说南方从来就打不过北方。吴也好，越也好，楚也好，最后都被北方来的强秦统一了去，南方之强变成了北方的刀下之羊。

此后，兵战就开始改成商战了。吴盐胜雪，吴羊奇白，富庶的南方有足够的能力在经济上征服北方。打造兵器的手艺自然也只好用来做剪刀，叫"吴刀"。"吴刀剪彩缝舞衣，明妆丽服夺春晖"，"吴姬缓舞留君醉，随意青枫白露寒"，以柔克刚的结果是吴语开始变得甜糯绵软，终于变成所谓"吴侬软语"。

不过，在几乎举国上下都以北方话那种粗犷硬朗、铿锵有力为尚时,这种轻柔悠扬、婉转文雅的"吴音",却有一份难得的可贵。自古江南多才子,我不知道这和他们都说吴语是否有关。但文化要求多样,不喜欢单一,总是不争的事实。

认真说来,吴语虽然也是南方方言中个性特征比较鲜明的一种,但与粤语、闽语相比,和北方官话还算是比较接近的。在词汇和语法两方面,吴方言和普通话都没有太大的区别,区别主要在腔调。比方说保留浊音,复元音韵母都读成单元音,摆(bai)读ba,悲(bei)读be,飞(fei)读fi等。这也不奇怪。吴方言区毕竟是南北方言交锋的前沿阵地,一点不变也是不可能的。长江以南,连南京、镇江都变成了北方方言区,"柔弱"的苏州居然能"顶住",我们实在该说一声:"不简单!"

有人说,人生有三大悲哀:英雄末路,美人迟暮,江郎才尽。吴语是否英雄末路,我们不知道。但可以肯定,它并未江郎才尽,大约也还没到美人迟暮的份上。

行尽潇湘到洞庭

相比而言,楚国的情况要差得多。

楚国原本也是南方之强。春秋五霸(齐桓、晋文、秦穆、宋襄、楚庄)有它,战国七雄(秦、齐、楚、燕、赵、魏、韩)也有它。而且五霸也好,七雄也好,要说地大物博人口多,还得数楚国。战国时,楚的疆域,东至海滨,北至中原,西有黔中,南有苍梧,差不多占了当时中国的半壁江山。

楚人原来也是"南蛮",芈姓,西周时立国于荆山一带,周人管他们叫"荆蛮"。武王伐纣时,楚人也随了大流,算是同盟国。因此后来论功行赏,坐地分赃,也有楚的一份。然而只封了个子爵,四等,可见地位之低。后来楚国一天天强大,也就"耗子腰里别了杆枪,起了打猫的心思",要"问鼎中原"。九鼎,是三代时的传国之宝,政权的象征。楚子居然借着周王派人来劳军的时候,问九鼎有多大多重,那意思便很明显。

楚人也有资格牛。因为楚人比吴人和越人都尚武好斗,而且还有一股子蛮劲。湘语中至今还有一个词,叫"霸蛮"(不管条件怎样，硬要如何如何的意思）。又霸又蛮，当是楚人的性格。然而楚人霸则霸矣，蛮则蛮矣，智商却不低。楚辞是可以和北方歌诗平分秋色的，楚歌也不比吴歌差，楚国的政治家更是多为栋梁之材。搞历史的人都知道，自古以来，"惟楚有材"，虽然"楚材"难免会被"晋用"。

自强不息的楚人也不以南人为耻，上下君臣，都自称蛮夷，专一和华夏诸侯作对，五年不出兵，就算是奇耻大辱，死后不得见祖先。春秋前后，楚吞并的诸侯国，大大小小四十五个，越国就是被它灭掉的。也就是说，楚国原本也有资格、有条件统一中国。所以，秦灭六国，楚最不服，以至于有"楚虽三户，亡秦必楚"的说法。

不过，亡秦的虽然是楚人（陈胜、吴广、项羽、刘邦都可以算是楚人），汉代的皇帝也像楚王一样好细腰（能作掌中舞的赵飞燕就是典型），统一了的中国的政治中心还是在北方。楚语不但没能成为"国语"，反倒是楚都所在的湖北，也基本上变成了北方方言区。只有战国时才被楚人占领的湖南，还保留着古楚语的一个分支——南楚江湘。它后来就发展成又一种南方方言——湘语。

在南方六大方言中，湘语也许要算是最可怜的一个。它的使用人口不算最少。最少的是赣语，只占汉族总人口的百分之二多一点。次为闽语和客家话，各占百分之四。湘语则和粤语差不多，各占百分之五，在南方方言中仅次于吴语。但湘语的地位和影响，又岂敢望吴语、粤语之项背？就连和闽语、客家话，也不能比。这也没法子，人家财大气粗么！上海和长江三角区说吴语，香港、广州说粤语，台湾、福建说闽语，客家则动不动就开世界客籍大会，聚在一起说客家话，湘语哪有这个条件？

可见，光是人多，也未必顶用。事实上，湘语的地盘最小，受其他方言的影响最多，内部的分歧也很大，纯粹的湘语方言点又一天比一天少，以至于有人怀疑它是不是还有资格作为一种独立的方言，和其他六大方言平起平坐。也有人干脆主张将湘语和赣语合并，并称为湘赣方言，或者将湘语"五马分尸"，分别归属西南方言、客家方言和赣方言。

说起来，湘语也是窝囊。湘语，顾名思义也就是湖南话。然而湖南一省之中，真正说湘语的不过三十多个县市，连一省的半数都不到，其他地方分别被西南方言和赣客方言占领。西南方言占据了湖南西北、湘水以南和京广线以西广大地区，赣客方言则占据了湘东狭长的一带，留给湘语的地盘所剩无几。即便是湘语方言区，也分新湘语和老湘语。新湘语流行在长沙、益阳、株洲、湘潭等城市，老湘语流行于宁乡、湘乡、双峰、衡阳等地。湘谚有云："长沙里手（内行）湘潭俏（漂亮），湘乡嗯啊做牛叫。"可见新老湘语之间也是不能对话的。如果按照某些方言学家的意见，把新湘语归入西南方言，湘语的地盘可就所剩无几，更加少得可怜了。

其实，楚语的地盘原来还是蛮大的，少说也占有湘鄂两省。但既然连楚王都守不住他的领地，湘语又能如何？能有这一亩三分自留地，没准还得感谢秦始皇设了长沙郡。又幸亏还有个洞庭湖，好歹能抵挡一阵。可惜即便长江天堑，也未必能抵挡北方方言的凌厉攻势。吴王那边，宁镇"失守"；楚王这里，两湖"沦陷"。这也难怪。吴楚两地，毕竟都在南方方言区的最北边，所谓首当其冲之地，对手又强大无比，便难免寡不敌众，节节败退。吴语从江苏退到浙江，湘语（或楚语）从湖北退到湖南，也是理所当然。何况湘语的处境比吴语更难，东西南北都被其他方言（赣、客、粤、西南官话）包围，简直就是"四面楚歌"（或四面都不唱楚歌）。吴语好歹还有个东海作后盾，可以背水一战。

吴楚（湘）命运多舛，还因为它们是资格最老的方言。创业易，守成难。老的总是不如新的有生命力。北方方言日新月异，开拓进取，赣客方言后起之秀，方兴未艾，吴湘方言区被它们蚕食，也是势所必然。

吴楚东南坼

湘语和楚语是嫡亲,和吴语则是表亲。

楚语和吴语曾被看作同一种方言,而且就叫"吴楚"。这也不奇怪,吴与楚都是"荆蛮"嘛!再说越灭吴,楚灭越,它们也曾统一过。所以古楚语和古吴语是比较接近的。直到现在,湘语和吴语还有不少相同之处。比如"吃",便都念作"恰",只不过声调不一样,也就是腔同调不同。父亲叫"爷",读如"衙",也一样。从这些蛛丝马迹看,吴语和楚语的关系在历史上很可能非同一般。

事实上直到隋唐,吴语和楚语还被看作一种大方言。陆法言说:"吴楚则时伤轻浅,燕赵则多伤重浊。"(《切韵》)陆德明说:"方言差别,固自不同。河北江南,最为巨异,或失在浮清,或滞于沉浊。"(《经典释文》)他说的"河北",就是"燕赵";他说的"江南",就是"吴楚"。颜之推也说南方水土柔和,所以说话声音清而切;北方山水深厚,所以说话声音浊而钝。可见吴楚之同远大于南北之同,南北之异也远大于吴楚之异。要是它们就这么联起手来，南方的方言就不会是现在这个样子。

然而一把刀子却从吴楚之间插了进来。

这把刀子就是赣语。

顾名思义，赣语就是江西话。不过，说赣语就是江西话，就和说湘语就是湖南话一样，并不准确。因为湖南人并不都说湘语，还有说北方话（西南官话）和客家话的；江西人也并不都说赣语，还有说北方话（江淮官话）和客家话的。西南官话、江淮官话和客家方言这么一挤对，湘语和赣语就很可怜，连自己一省的地盘都守不住。但要说湘语主要在湖南，赣语主要在江西，也不算错。

江西这地方，历史上叫作"吴头楚尾"，春秋时是吴、越、楚三国的交界处，汉代又介乎荆（荆州）、扬（扬州）之间，是个"三不管"的空子：楚不管，吴不管，越也不管。结果，古时这块地方的方言，就有点不明不白，连汉代的方言学家扬雄都弄不清楚，只好留下一片空白（也可能那时人烟稀少，语言方面根本就乏善可陈）。其实直到现在，赣语的特征也还不十分明显，而且来历不明，就像江西菜一样，不南不北，不东不西，没什么特色。

是空子，就有人钻。西晋末年，八王混战，五胡之乱，匈奴、鲜卑、羯、氐、羌，杀过来杀过去，中原地区就很不安定，一直处于动荡之中。东晋末年，战乱更加激烈，中原汉人就开始大规模地往南跑，有的便跑到了江西。唐末和宋末，中原汉人又多次大批南迁。这一次跑得就远了。跨黄河，过长江，越淮河，渡赣水，一直跑到广东、福建，跑到后来成为客家方言区的地方。

这些南迁的汉人都要经过江西，江西就像是一个中转站。那时又没有大京九，即便是逃难，也走不快。也有走不动的，就干脆留了下来。但不管是过路的，还是留下的，也都要把当时中原的方言带到这里。赣中、赣北人说话，原本就既不如吴人之"清"，又不如楚人之"楚"，有些不清不楚。现在再让北方官话接二连三这么一搅和，就更加"不三不四"。结果，赣语就成了非吴非楚非中原的"怪话"。

事实上，赣语的特征可能也是最不明显突出的。它南部接近客家方言，北部接近江淮方言，西部和湘语拉拉扯扯，东部又和闽语黏黏糊糊，疆域从来就没弄清楚过。赣语的语音也怪怪的。浊音都变成了清音，这和普通话是一样的。但普通话中浊音变清音是平声送气仄声不送气，赣语却一律送气，又和客家话是一样的。长沙人"蓝""男"不分，"泥""犁"却分得很清楚，南昌人也一样。武汉人喜欢用"倒"这个虚词，意思相当于"着"，南昌人也这么说："坐倒"（坐着）、"站倒"（站着）。成都人也说"倒"，比如"牛都过得倒你过不倒"，这里的"倒"就是"了"的意思。成都人不说"坐倒""站倒"，而说"坐起""站起"。同样，武汉人也不说"拿一本书倒（给）我"，而说"拿一本书把（给）我"。只有在赣语中，"倒"才既有"着"的意思，又有"给"的意思。

赣语，明摆着是个"混血儿"。

它也是一个奇迹。在吴语、楚语这些老方言节节败退、朝不保夕的情况下，它居然能作为一种新方言在夹缝中生长起来，还赢得了和吴、湘、闽、粤平起平坐的地位，真得让人刮目相看了。江西这地方，先前可没有这样得意过。

然而这样一来，吴楚之间的联系也就被切断了。吴楚之间的联系原本就很松散，赣语一刀切将过来，便连藕断丝连也很难做到。中唐以后，大批移民从中原经赣北、赣中向赣南挺进，这个口子也就越撕越大。最后，不但吴语与湘语从此"天各一方"，而且闽语也被限制在东南一隅，除了往台湾岛和海南岛上跳，再没别的出路。

不要问我从哪里来

和赣语一起"分裂"吴楚的,还有客家话。

客家,是相对土著而言。先入为主,后来为客,客家也就是移民,客家话也就是移民的语言。不过不是所有的移民都叫客家,也不是所有的移民都说客家话。所谓客家,特指在公元四世纪初(西晋末年)、九世纪末(唐朝末年)和十三世纪末(南宋末年)从黄河流域迁徙到南方,现居广东、福建、广西、江西、湖南、台湾等省区的移民。他们祖上是北方人,到南方来是出于无奈。然而,"莫道君行早,更有早行人"。那些先来的便把他们叫作"客家",甚至不承认他们是汉族,管他们叫"犭客"。客家人当然不能接受。为了"反客为主",也为了"自强不息",便考证出自己是华夏正宗,其祖上居住的地方,大约北起并州上党(山西),西接司州弘农(河南),东达扬州淮南(江苏),中至豫州新蔡(河南),也就是黄河以南,淮河以北,汝水之东,颖水之西,地地道道的中原。

中原从来就是问鼎逐鹿之地。问鼎逐鹿当然是一种英雄业绩，只可惜这种英雄业绩和老百姓没多少关系。反倒是，一将功成万骨枯，胜利的成果只属于少数英雄，流离失所、家破人亡的灾难却得由老百姓来承担。因此，这块土地上的人民便只好一次又一次地仓皇出逃。据历史记载和学者考证，客家人的大规模迁徙一共有五次，前三次都是从北往南跑。第一次跑到赣北、赣中，第二次跑到闽西、赣南，第三次跑到粤东、粤北。越跑，就离自己的家乡越远。

不过，文化的认同却是超时空的。而且，越是远在他乡，就越是怀念故土。客家人从北国中原来到南方蛮荒之地，虽然也得入乡随俗，但决不肯轻易苟同；只要有可能，他们就会坚持自己独特的风土人情和语言习惯。这也不是没有可能。因为和现如今打工青年的只身南下不同，那时的南迁是集团军式的。不但是拖家带口倾巢而出，而且往往是整个家族成建制地集体迁移。血缘纽带并未割断，宗族关系照旧保存，风俗习惯也依然故我。原来是什么关系，现在还是什么关系；原来怎么过日子，现在还怎么过日子；原来怎么说话，现在还怎么说话，只不过换了个地方而已。

然而，换了地方和没换地方总归不一样。虽云"暖风熏得游人醉，直把杭州作汴州"，但杭州毕竟不是汴州。逃到杭州的汴州人慢慢开始说吴语，同时，原来的杭州人也慢慢开始说官话，因此现在的杭州话便有一种半吴语半官话的特征，和其他吴语区颇不一样。客家来到远离故土的南方，语言一点都不变，似乎也不可能。

不过，客家先民的移居地不是杭州，而是闽粤赣与世隔绝的闭塞山区。穷乡僻壤，山川阻隔，交通不便，信息不通，天高皇帝远。这就使客家先民有可能维持自己的文化习俗和语言习惯，"宁卖祖宗田，不改祖宗言"也恰恰是客家人的口号。但这样一来，他们和故土的关系就有点尴尬了——他这里一厢情愿地保持着旧时风貌，"传世三十，历年七百，而守其语言不少变"（广东梅县客家人黄遵宪语），中原那边却早已"换了人间"，说起话来，满不再是当年那个中原音韵。结果，客家便走到哪里都是客。在移居地，是客；回到中原，也是客。中原老乡的子孙后代见了他们，听着他们那一口现代中原人也不懂的"中原话"，真的要"笑问客从何处来"了。

客家如此不肯客随主便，与土著便难免有些格格不入，土客矛盾也时时烽烟骤起，不可开交。这就迫使客家人更加抱团扎堆，高筑墙，广积粮，建立自己的根据地。闽西土楼就是这样一种特殊的客家社区建筑。土楼被老外誉为"天上掉下的飞碟，地上长出的蘑菇"，但在我看来，它怎么看都怎么像个大碉堡。体大，楼高，墙厚，处处设防，易守难攻。土楼之中，水井、粮仓、畜圈，一应俱全，甚至还有"土电话"，可以一呼百应。几十上百户人家在这里聚族而居，简直就像生活在一个全面设防的城市之中。

可惜土楼再大，也有住不下的时候，贫瘠的山田也无法让日益增长的人口都吃饱肚子，摩擦和械斗又屡禁不止，于是一部分客家人便只好再次远走他乡。有的到了四川，有的到了广西，有的到了台湾，有的到了湖南，还有的到了海南岛，但都说客家话。在广西的叫"新民话"或"麻介话"，在四川的叫"土广东话"。其实，客家话不能算是广东话。连粤语都不能说就是广东话，客家话又怎么能说是广东话？只不过客家话的大本营在广东梅县，四川的客家人也是从粤东北迁移过去的。四川人分不清粤语和客家话，也就只好管客家话叫"土广东话"了。

四川、广西、台湾、湖南、海南岛的客家人，主要是清代康乾之际和乾嘉之后从粤东北、赣南和粤中出走的。他们已经不好再算北方人，他们说的话也不好再算北方话。不管他们说的话如何的"客味甚浓"，也只能说是一种南方方言。其与普通话之间的差别，虽然没有闽语、粤语和吴语那么大，也同样是"不可同日而语"的。

一个族群从西晋开始就南下做"客"，一做做了上千年，而且还到处做客，这可真是个奇迹。因此也有认为客家不是什么客，反倒可能是土著的观点。比较靠得住的是李如龙先生的结论：客家先民主要是晚唐五代时期南下的中原汉人，客家方言的定型，则时在两宋之际，地在闽西赣南。不过，客家人从晋南、陕东、豫中、苏北跑到赣南、闽西、粤东北，又跑到四川、广西、台湾、湖南、海南岛，历时数百年，跨地数千里，实在很是辛苦，我们还是"英雄不问出处"吧！

一堆石头

如果说赣语像刀,客家话像圈子,那么闽语就像是石头,而且是活化石。

闽语的形态是很古老的,老得有时候你会觉得福建人说话简直就是在说古汉语:你叫汝,他叫伊,吃叫食,走叫行,脸叫面,黑叫乌,锅叫鼎,绳叫索,翅膀叫翼,图章叫印,房子叫厝,棉袄叫裘。当两个福建人相互询问"食糜未"(喝过粥没有)或"有仂无"(在不在家)时,你会不会觉得自己进了时间隧道?

闽语既古又怪,既老又杂。闽语原本又叫福佬话。福佬,是后来之客家对先到之闽人的称呼。反正福佬就是闽人,或福建人,但福佬话却不好说就是福建话。实际上,没什么笼而统之的福建话,只有闽南诂、闽北话、闽东话、闽中话、莆仙话等等,它们都是福建话,却又都不能对话。这正是福建不同于广东、湖南、江西之处。广东人听不懂广东人说话,是因为他们并不都说广东话(粤语)。湖南人听不懂湖南人说话,江西人听不懂江西人说话,也是因为他们并不都说湖南话(湘语)或江西话(赣语),比方说还有说客家话等。然而福建人听不懂福建人说话,却是因为他们都说福建话(闽语)。这可真是没有道理可讲。

事实上,闽语也是汉语中内部分歧最大、语音现象最复杂的一种大方言。它不是一块石头,而是一堆石头。往大里数,是三块,闽南话、闽北话、闽东话,闽中话和莆仙话则是夹在这三块大石头中的小石头。细数,也有数出六块或九块的。石头堆在一起,挤得再紧,也各是各。闽语就是这样。闽南话、闽北话、闽东话、闽中话、莆仙话,这些"石头"之间的缝隙,很可能比某些大方言之间的差异还大。所以福建人和福建人坐在一起,弄不好就是大眼瞪小眼,鸡同鸭讲,不知所云。

看来,弄清闽语的形成,也是一件有趣的事情。

福佬的祖上多半也是北方人。起先来的是吴人,是孙权称霸东南时从江苏、浙江跑到福建来搞"开发"的。他们把"吴楚""江淮"方言带到了福建,所以闽语当中,还保留了不少原始吴语的特征。准确地说,那时的闽中有古吴语、古楚语,当然还有古闽越语。福建方言是多源的。

不过,这些先期入闽的吴人和孙吴政权一样没成什么大气候。真正成了气候的还是中原来的汉人。他们从中原跑到福建来,原因也很多。有"避乱"的,有"征蛮"的,有"谪遣"的。比如韩愈,就是"谪遣"。韩愈谪贬之地虽然在广东潮州,但那正是闽南话方言区。韩愈也好生了得,让潮州的山山水水都姓了韩（韩山、韩水）。不难想象，如果跑到福建的是一大批韩愈，会是一种什么样的情形。

中原汉人的大规模入闽，是在西晋末年永嘉丧乱以后。那时，中原人每六个就有一个渡江避乱。一等的望族随皇室定居在富庶的江浙，而且把宁镇一带的方言从吴语变成了官话。二等、三等的只好继续往南跑。所谓"衣冠八族"入闽，说的大约就是这些人。入闽的路线大约有海陆两路，定居点则有三个中心，即建瓯、福州、泉州。所以，后来建瓯话、福州话和泉州话就分别成为闽北话、闽东话和闽南话的代表。当然，现在闽南话的代表已变成厦门话了。这很让泉州人私下里嘀嘀咕咕，不以为然。因为厦门本属同安县，而同安县又属泉州府。但这就像上海话终于取代苏州话成为吴语代表一样，是无可奈何的事情——谁财大，谁气粗。

迁徙的时间也主要有三次。第一次在南梁，主要定居于闽北；第二次在初唐，主要定居于闽南；第三次在五代，主要定居于闽东。"中原汉人三次入闽之后，闽方言便都定型了。"（李如龙《福建方言》）

最初入闽的中原汉人虽然分散在闽北、闽东和闽南，当真要说话，大约还是听得懂的。但闽北、闽东和闽南，毕竟山河阻隔，道路崎岖，既不同风，亦不同俗。说起来，福建的情况也是特殊。首先是天高皇帝远，北面有吴语挡着，南边有粤语堵着，西边呢，又有赣语和客家话拦着。就是想和北方说几句话，也没了可能。所以反倒是远离中原的福建，保留的古语古音最多。其次,福建的地理环境也特别。移民总是伴水而居的,如果水系较长,移民们也可能溯流而上,或顺江而下,进入别的地区;然而福建的河流都比较短,又大多独流入海,河与河之间又有高大的分水岭隔着,移民们便只好分别在晋江流域(闽南)、建溪富屯溪流域(闽北)和闽江下游一带(闽东)互不搭界地各自折腾。鸡犬之声既不能相闻,也就更加老死不相往来。没有往来,也就生分了。最后,便连话都不通。

实际上,闽语内部最大的分歧正在山与海。山,就是西北诸山,闽北、闽中、闽西是也。海,就是东南沿海,闽南、闽东、莆仙是也。二者之间的分野,"恰好与晋代晋安郡和建安郡的分界相重合"(周振鹤、游汝杰《方言与中国文化》)。这也不奇怪。郡县总是因人而设的。从陆路入闽的进入西北山区,伴建溪而居,于是便有建安郡。从海路入闽的进入东南沿海,伴晋江而居,于是便有晋安郡。前者从仙霞岭、武夷山向东南发展,后者从东南沿海向西北推进,等到两郡之间的空间终于填满时,各自的方言却早成定局。后来,本属泉州管辖的木兰溪流域(莆田、仙游)自成一个二级政区(宋元兴化军、明清兴化府),莆仙话便成了闽东话、闽南话这两块大石头之间的小石头。

历史、地理、政治一齐使劲儿,八闽也就互不交通。

杂交品种

说完了闽语,就该来说粤语。

粤语和闽语一样,也是和普通话相异程度很高的方言,次则为吴语,再次为湘语、赣语、客家话,和普通话相异程度最小的是北方方言内部各次方言,比如西北方言、西南方言、江淮方言、华北方言。所以,南方六大方言也可以分为三组:闽粤、吴湘、赣客。吴湘形成最早,赣客最晚,闽粤居中。吴湘同源,赣客同代,闽粤的关系则有些微妙。

如果说吴楚(或吴湘)是远亲,那么闽粤便是近邻。在华夏诸族崛起于中原的"三代"(夏、商、周)时期,闽粤都是"天荒地老"的"荒服"之地。周人别内外,定亲疏,有四夷、八蛮、七闽、百粤各色人等。七闽、百粤排在四夷、八蛮后面,可见在当时华夏民族的眼里,闽人和粤人比蛮夷还要蛮夷。甚至直到如今,闽人和粤人在不少人眼里仍有"非我族类"之感,因为他们说的话最难懂,风俗习惯也大相径庭。千百年前,和他们说话要"待译而后通"(《盐铁论》),现在如果没有翻译，也还是困难重重。

百粤也叫百越，可能是指南方的一些少数民族，部落也很多，所以叫"百越"。其中住在浙江的叫"於越"，住在福建的叫"闽越"，住在江西的叫"扬越"，住在广东的叫"南越"，住在安南的叫"骆越"。可见，闽粤之间确有千丝万缕的关系，没准还是同祖同宗，完全应该"同病相怜"乃至"同舟共济"的。然而，闽粤文化却并不相同，闽粤之间也少有交通。闽语和粤语之间的差异，也不比吴语和湘语、赣语和客家话之间的差别小。甚至闽人和粤人在体质上也不太相同。闽人和咱们一样，都是蒙古人种，粤人则被疑为马来人种。其实，马来人种也是蒙古人种的一个分支，叫"马来亚种"。但一说"马来人种"，便想到什么安南啦，暹罗啦，爪哇啦，有些异类的感觉。

粤语也很"异类"。它和普通话的差异，要多到七成以上。闽语和普通话的差异也有这么多。但闽语是当年中原音韵的遗存。说闽语"异类"，便未免数典忘祖。

其实，粤语也是汉语。在海外许多地方，它还被看作是"正宗"的汉语，形态上也并不比闽语古老。闽语中本字无考的读音很多，普通话填词的歌曲如果改用闽语来唱，就不伦不类，"翻译"成粤语却没什么关系。因为粤语有一整套完整的文白读音系统，可以很自然地和普通话对换。所以，和闽语相比，它还是更"现代"的汉语。

实际上，粤语的源头比闽语还久远。因为中原汉人第一次大规模移民岭南,是在秦代。秦王政二十五年,大将王翦平定江南及百越,七年后,任嚣、赵佗又再次平定百越,并留下将士五十万人镇守,越汉杂处的局面形成,古粤语也就初具规模。然而现代粤语却并不是古粤语独立发展的产物。在后来漫长的岁月里,它不断受到中原汉语的影响。特别是汉末、唐末、宋末这三个时期,中原汉人络绎不绝地进入岭南,其中不乏名门望族、学士文人。这些人代表着比较先进的文化,来头大,水平高,便使当地土著逐渐汉化,粤语也就一变再变。

这就和闽语的形成不大一样。闽语的成形是突变的,粤语的成形则是渐变的。因为对于岭南来说,大规模的移民其事已久,以后所受之影响不过潜移默化,其间有一个漫长的越汉杂处、相互磨合的过程。福建就不一样。移民既晚,来势亦凶。不但人数众多,而且往往伴随着中央政权的南移。比如晋室偏安江左,与福建相去不远;隋中叶全福建人丁不过一万五千户,到唐开元时仅泉州就有五万余户人家,可见移民之多。如此铺天盖地,则原先散落在八闽人地的那些闽越土著,也就势必淹没在移民的汪洋大海之中,没多少越汉杂处、相互磨合的事情了。

成功也往往意味着结束。因此突变的闽语便相对比较封闭,渐变的粤语反倒有一种开放的性格。粤语是很有一点"拿来主义"精神的。粤语中外来词汇不少,波(ball,球)啦,恤(shirt,衬衣)啦,的士(taxi,出租车)啦,我们早就耳熟能详。这种现象其他方言中也有,但不如粤语突出,也不像粤语那样喜欢搞"中外合资",同一个词或词组中,一半外来的,一半土生土长的,还要把那外来的词念成粤语腔。

其实这正是粤语的一贯作风。它原本就是中原汉语、当地土话、少数民族语言和外国语的"杂交品种"。直到现在,粤语中还有不少当年"百越杂处"的痕迹。比如"这"说成"呢",就和壮、侗、傣、黎、布依语相同或近似。这种融会贯通、大而化之之神通,正是粤语和粤语文化的特征。

粤语既然能打通南北东西、古今中外,自然也能打通全省。这就和闽语不同。粤语是一体化的,闽语则是多元化的。也许正是由于这个原因,粤语文化的影响要比闽语文化的影响大。粤剧远比闽剧或梨园戏、高甲戏、歌仔戏有名,广东音乐也远比福建的南音深入人心。美术方面,广东有岭南画派,福建却乏善可陈。因为福建虽不乏人才,但八闽互不交通,各拿各的号,各吹各的调,锣齐鼓不齐的,没法拧成一股绳,也就不可能和一体化的粤语文化相抗衡。难怪海外的华人虽然闽人比粤人多,粤语却比闽语吃得开。

东拉西扯

外来语大量成为中国人的口头禅，其盛况空前最早大约是在汉唐之际。

中心总是会名垂史册的。事实上，现在我们使用的语言被称作汉语，或者被叫作唐话，就因为这两个朝代国力最雄厚，文化最繁荣，影响最深远，和世界的交往也最多。

洋芋与土豆

南方人吃大米,北方人吃小麦。

麦在上古汉语中叫"来"。《诗经》中就有称麦为"来"的。方言学家潘家懿说,直到现在山西临汾人还把麦子熟了叫"来了"。大米则是水稻。"稻"与"到"同音,没准也有"到"的意思。苟如此,则"稻麦"便是"到来"了。

稻麦为什么是"到来"呢?

大约原本没有,后来才"到"才"来"。

小麦可能是从羌族人那里传入华夏的,水稻则可能是从印度经由缅甸、老挝、柬埔寨、越南,自华南一路北上。不过,浙江河姆渡出土的炭化稻谷,则好像又证明咱们老早就种稻子了。其实,"来"的本义就是小麦,《说文》谓"周所受瑞麦"。其中大麦叫牟,小麦叫来,字形也是"象芒束之形",其义则是"天所来也",以后才转借为往来的来。所以,小麦是不是从人家那里嫁过来的,还说不清。

同样,稻也不一定是"到"的谐音,也可能是"捣"的谐音。稻谷成熟后,要放到臼里面捣,才能变成米,也才能吃。稻的字形,便是捣米之状,林义光先生的《文源》中说过的。周振鹤、游汝杰两先生《方言与中国文化》一书则从语言学的角度,考证出广西西南和云南南部也是亚洲栽培稻的起源地之一。看来,这稻子是家生的,还是进口的,也很难弄明白。不过,"麦(麥)"字从来,"稻"字从禾,倒是事实。甲骨文中既有"麦"字,也有"稻"字,也是事实。而且,它们也都被叫作"谷(穀)"。麦叫"芒谷"(有芒之谷),稻则叫"嘉谷"(也叫禾)。当然,后来大家不这么混着叫了,叫"谷子"的都是"米"——在北方是指小米,在南方则指稻米。

如果说稻麦还有点"来历不明",那么,玉蜀黍可是地地道道的舶来品。它原产于南美洲,来到中国也很不容易。玉蜀黍传入中国有两条路线。一条是先由葡萄牙人带到爪哇,再从爪哇辗转而来;另一条则是阿拉伯人从麦加、中亚输入。所以,它在各地方言中的别名也五花八门。有叫玉麦(南宁)的,有叫黍麦(温州)的,有叫红须麦(巍山)的,还有叫番大麦(厦门)的,最早的官方称谓则是"御麦"。可见,玉蜀黍刚进入中国时,被看作是一种"麦"。其实它和大麦、小麦、黑麦、燕麦,无论外形还是味道,都相去甚远,怎么会是"麦"?大约就因为"麦"有"来"的意思。外来的,也就是"麦"。又因为来得稀罕,来之不易,便叫"御麦"。御和玉同音,玉蜀黍也更像是米而不是麦,因此便改叫"玉米"(玉一样晶莹的米)。既然是米,当然也是谷,所以又叫"包谷"

（叶子包着的谷）。又因为这"包谷"是棒槌状，故而也叫"包谷棒子"，或干脆简称"棒子"。

从国外引进的东西还很不少，比如胡麻、胡菜、胡桃、胡豆、胡萝卜等等都是。胡麻就是芝麻，胡菜就是油菜，胡桃就是核桃，胡豆则有两种：豌豆和蚕豆。豌豆原产于中亚和西亚，蚕豆最早则为希伯来人所种植，它们当然都是"胡豆"。此外还有胡椒、辣椒，也是外来的。这就让人觉得匪夷所思。胡椒还好说，它来自摩伽陀国（属印度），当然是"胡椒"。如果辣椒也不是"国货"，那我们湖南、四川的"辣妹子"，岂不都成了"外来妹"？然而，辣椒确实原产于南美洲热带，据德康道尔的《农艺植物考源》考证，直到十七世纪才传入中国。那时明朝已近灭亡，清人都快入关了。这可真是做梦都想不到的事情。我等嗜辣之人吃了一辈子辣椒，原以为自己是爱国主义者，谁知道吃的竟是外国作料。

其实，土生土长的椒只有一种，即花椒。何况辣椒虽然不姓"胡"，看不出是从国外进口的，方言中还是留下了漂洋过海的蛛丝马迹。比如温州、厦门便管辣椒叫番姜，福建许多地方（如建阳、建瓯、崇安、光泽）则管辣椒叫番椒，中药药典上也叫番椒。大约辣椒传入中国以前，国人的辛辣作料主要是生姜和花椒，这才把辣椒称为"外国生姜"（番姜）和"外国花椒"（番椒）。之所以不冠以"胡"，则是因为已另有"胡椒"。但生姜之味主要是辛，花椒之味主要是麻，辣椒之味才真正是辣，这才因味得名，叫作辣椒。

辣椒被叫作番椒或番姜（四川人则称之为海椒），是一点也不奇怪的。大凡从国外引进的植物，往往会被冠以胡、番、西、洋等字眼，以示其来历，比如西红柿也叫番茄，还叫洋柿子。又比如番薯。番薯学名甘薯，也叫白薯、红薯、红苕、山芋、地瓜。南昌、广州、阳江、梅县、潮州、厦门、福州、温州都叫番薯。它是在哥伦布发现新大陆以后，由西班牙人从南美洲带到菲律宾的。明代万历年间，福建遭受台风，总督金学曾派人到菲律宾寻找可以救灾的农作物，甘薯便漂洋过海，来到中国。所以甘薯又叫金薯，也就是为了纪念金学曾的功劳。不过要想什么事都能做到饮水思源，是不容易的。极易生长的甘薯在全国推广后，便不再叫金薯或番薯，反而变成了"地瓜"。

番薯变成了地瓜，洋芋则变成了土豆。洋芋就是马铃薯，也是原产于南美洲，传入中国比甘薯还晚，所以叫洋番薯（温州）、番仔番薯（厦门），也有叫荷兰薯（广州、潮州、梅县）的，更普遍的叫法则是洋芋。洋芋也就是洋山芋，和洋番薯是一个意思。反正，先入为主，后来为客。甘薯先来，便是"土"；马铃薯后到，便是"洋"。等到"洋芋"也变成了"土豆"，则已是"几度风雨，几度春秋"了。

胡番与西洋

汉语中用来指老外或舶来品的词，有胡、番、西、洋。胡，大约是用得最早的。它原本泛指北方和西方的少数民族，即胡人。所以，但凡叫作"胡什么"的，多半来自所谓西域。西域的概念，近一点的，在天山以南，昆仑以北，玉门以西，葱岭以东（葱岭即帕米尔高原）。远一点，则可到克什米尔和伊朗了。

中国和西域交通很早。两千一百多年前，张骞便通了西域，以后又有丝绸之路，中亚文化也就源源不断地流入中国。除了胡麻、胡葱、胡桃、胡豆、胡椒、胡萝卜，还有胡食（胡人食物泛称）、胡饼（烧饼）、胡笳、胡琴、胡箜篌（也是一种乐器）。还有一些东西，虽然并不叫胡什么，也是从西域来的，比如苜蓿、葡萄、石榴、琥珀、狮子。据周振鹤、游汝杰两先生云，它们很可能是当时外来语的音译。比如苜蓿和葡萄源自古大宛语，琥珀源自突厥语，狮子源自伊兰语，或波斯语，或粟特语。石榴原本叫安石榴。安石，很可能是安息（在今伊朗),也可能是安息帕提亚王朝名Arshak的对音。

石榴现在已经是"国货"了,也不再叫安石榴,就像罗汉不再叫阿罗汉一样,也是省掉了头一个字。它还被老百姓用来做多子多福的象征。中国民间用来祝愿多子多福的东西很多,鱼(年年有余)啦,莲子(连连得子)啦,枣和栗子(早早立子)啦。石榴既然"房中多子",自然也不妨"洋为中用"的。

还有一个"洋芋变土豆"的例子是唢呐。唢呐这玩意儿,在一般人心目中要算地地道道的国乐或民乐,却原来也和胡琴一样,是从西域来的。唢呐原本流传于波斯、阿拉伯一带,金元时传入中国,其名则源自波斯语surna,所以又叫琐奈、苏尔奈。钹则比唢呐来得早一点,是南北朝时传入中国的。

琵琶也是从西域传入的,起先叫"批把",不知是音译,还是因为它弹奏起来噼噼啪啪的。汉代刘熙的《释名》说:"批把本出于胡中,马上所鼓(弹奏)也。"他还解释说,琵琶演奏时,手往前推叫批,往后退叫把,所以叫批把。南北朝时,又有曲颈琵琶传入。曲颈琵琶源于乌特,是一种阿拉伯乐器,也流行于土耳其、伊朗、苏丹、摩洛哥,阿拉伯文叫ud。它传入欧洲,就变成了琉特,盛行于文艺复兴时期;传入中国,则变成了琵琶,隋唐年间盛极一时,有龟兹琵琶、四弦、忽雷(忽雷又分大忽雷、小忽雷)多种,大约也还在马上弹奏。"葡萄美酒夜光杯,欲饮琵琶马上催",西域情调是很浓的。

琵琶、五弦、忽雷、火不思,都是西域拨弦乐器,当时统称胡琴。火不思是乌特的一种,突厥语叫qobuz,译名也五花八门，什么和必斯、虎拨思、琥珀词、吴拨四，比较好玩的则有胡不思和浑不似两种。二胡也是胡琴的一种，唐代叫"奚琴"，它融合了北方的马尾、松香，南方的蛇皮、竹子，中西合璧，北人南相，表现力极强，逐渐在民乐演奏中唱起了主角。

尽管西域的文化贡献如此之大，中原却并不怎么领情。喜欢胡食、胡服、胡乐、胡舞的当然大有人在，但"胡"这个字眼还是带有贬义。在中原之人看来，北方的胡，南方的越，都有些"非我族类"的味道。非我族类，其心必异。虽云"意合则胡越为昆弟"，但意合的时候有，意不合的时候也多。而且往往是一言不合，便刀兵相见。双方之间，心里面便难免有些别扭。

更重要的是，在中原华夏之人看来，胡人（也包括所有的"蛮夷"）不懂礼义，不讲道理，不守规矩，喜欢"胡来"，所以胡来便是"像胡人一样乱来"，胡说便是"像胡人一样乱说"，胡思乱想则是"像胡人一样思维混乱"。此外，胡扯、胡闹、胡言乱语、胡搅蛮缠、胡说八道、胡作非为，意思和来历都差不多。胡，不是和扯、闹相联系，便是和蛮、非相对应，反正没什么好词。至于把神志不清时说的话称为"胡话"（胡人说的话），则鄙夷之情更是跃然纸上。

这当然是一种"偏见"，不利于民族团结的。但它们产生在特定的历史条件下，也并非没有道理。"胡思乱想"一词最早见于南宋朱熹的《朱子语类》，"胡说"和"胡来"则分别见于南宋朱熹的《朱文公集》和金代董解元的《西厢记诸宫调》。南宋与金，那可是中原汉人最仇恨胡人的一个时代。

胡的本义是兽肉（颔下垂肉），番的本义则是兽足。番，也是用来指外族和外国的，叫番邦；而且主要指西方诸族、诸国，叫西番。用兽肉、兽足来指称外族、外国，毕竟不太友好，也不文明礼貌，因此"胡""番"便渐渐为"西""洋"所替代，比如西点、西服、西医、西学，或洋货、洋装、洋人、洋场。其中当然有一个过渡阶段，比如西餐先前就叫番菜；也不是所有的胡、番都能改成西、洋，比如番瓜（南瓜）就不能改叫西瓜。叫西、洋的也不一定就不带贬义，比如西崽、洋相。但毕竟，西、洋只是说出了一个客观事实，不像胡、番那样带有主观色彩，要好得多了。这说明民族偏见虽然在所难免，时代和社会也毕竟在进步，语言也不会一成不变的。

佛国梵音

从西土来的，不光是葡萄、石榴、唢呐、琵琶、胡豆、胡椒、胡萝卜，还有佛。

佛也是舶来品。中国本土有鬼，有神，有仙，没有佛。鬼神都是死人。一个普通人死了，就变成鬼；如果死的是一个了不起的人，一个于国于民有大功劳的人，比如夏禹什么的，就变成神。鬼与神，不过是灵魂的两种不同待遇，或两种不同存在方式。鬼投胎，神附体；鬼作祟，神降福。至于仙，则是活人。只因为得了道术，或服了丹药，变得长生不老，或者可以肉体飞升，平步青云，也就成了仙。

佛也是活人，释迦牟尼就是活着的时候成佛的。成佛也不是长生不老，或者法力无边，而是有了"觉悟"。佛，就是觉悟者。不过不是一般的觉悟，而是悟得了无上正等正觉；也不光是有觉悟而已，而是能够做到自觉、觉他和觉行圆满。但不管怎么说，无非也就是觉悟。"觉悟"这个词，我们现在是用得很多的，却很少有人知道是从佛教中来的。

从佛教中来的词很多，比如"五体投地"也是。中国古代只有三跪九叩，没有五体投地。五体投地即双膝双肘和头着地，是古印度的最高礼节，佛教沿用。又因为行此礼时要用头顶尊者之足，所以也叫"顶礼"。至于"膜拜"，则是举手加额，长跪而拜，许多宗教中都有此礼。后来，人们便用"顶礼膜拜"表示极度崇拜，用"五体投地"表示极其佩服，也不知道它们是从佛教中来的。

其实早期影响最大的外来语，就要算这佛国梵音了。我们现在常常会说诸如"祝大会圆满成功"一类的话，这"圆满"二字，就是佛教用语，指无所欠缺，十分完美，比如功德圆满。佛教喜欢说"圆"字，比如圆通、圆融、圆成、圆觉、圆寂都是。圆通即无偏缺（圆），无障碍（通）；圆融即圆满通融；圆成即圆满成就；圆觉即圆满的灵觉；圆寂即圆满的寂灭，也叫涅槃（梵文Nirvana的音译）。

涅槃不是死。一个和尚或僧人死了，就说他"涅槃""圆寂"，那是拍马屁的话。真正的涅槃，是指一种非生非死、亦生亦死、超生超死的最高境界。超越了生死，也就超越了时空。什么劫波，什么刹那，也都不在话下。劫波是梵文kalpa的音译，刹那则是梵文ksana的音译。佛教时间概念很强，计算也很精确，长短远近都有具体的说法。其中劫波时间最长，大约四百三十二万年为一劫；刹那时间最短，大约九十刹那为一念。一念之差，也可能万劫不复。一劫不复尚且可怕，何况万劫？要知道，一劫之后，是会有劫火出现的。"世界终尽，劫火洞烧",只留下一片"劫灰"。"眼看朝市成陵谷,始信昆明是劫灰",这是很恐怖的事。所以"劫"之一词,又引申为灾难,如劫难、劫数、浩劫、劫后余生等。一个人,如果命中注定要遭此灾难,就叫"在劫难逃"。相反,若能做到"历尽劫波兄弟在,相逢一笑泯恩仇",则可谓幸甚至哉。

涅槃也不是成佛的目的。成佛的目的是"普度众生",也叫"慈航普度"。慈航就是幸福的航船。佛教管爱护众生、给予欢乐叫"慈",怜悯众生、拔除苦难叫"悲"。因此"慈悲"就是"与乐拔苦"。这当然是佛菩萨的任务,只有他们才有此大慈大悲,也只有他们才有此"神通"。"神通"一词,也来自佛教。佛教有"五眼六神通"的说法。五眼即肉眼、天眼、慧眼、法眼、佛眼,六神通即神足通、天眼通、天耳通、他心通、宿命通、漏尽通。这些词我们也都借用,比如肉眼凡胎、慧眼识珠、神通广大、手眼通天等等。此外,像因果、因缘、缘起、报应、不二法门,都是佛教名词,现在也都变成人们的口头禅了。

口头禅也和佛教有瓜葛。禅,是梵文Dhyana音译"禅那"之略,意谓"静虑",是佛教的一种修持方式,也叫"禅定"(即禅与定的合称),而主张用禅定来概括佛教全部修习的宗派就叫禅宗。禅定讲"心注一境,正审思虑",禅宗讲"不立文字,直指人心",都不需要多说话。如果整天喋喋不休,或并无觉悟,只会说些禅语,那就是"口头禅"了。

禅宗主张"见性成佛,道体心传",怎么会整出个"口头禅"来呢？就因为佛教有"觉他"的任务。这就要"启智开悟"，也就是启迪智慧，使人觉悟。顺便说一句，"智慧"和"觉悟"一样，也是佛教名词。汉语中原来也有这两个词，但没有什么太深刻的意义。觉悟基本上是觉醒、醒悟的意思，不是悟得无上正等正觉；智慧则主要是聪慧、智谋的意思，也不是把握诸法真如、涅槃成佛的特殊认识。这种特殊认识或最高智慧又叫"般若"。般若读如波惹，正如南无（致敬、礼赞、皈依）读如拿摩，都是梵文的音译；而把智慧和聪明区别开来，则正是佛教的高明之处。

智慧不同于聪明，也不同于知识。聪明多半不大，叫"小聪明"；智慧一定不小，叫"大智慧"。知识属于社会，智慧属于个人；知识可以授受，智慧只能启迪。所以，要启迪他人的智慧，首先自己就得有大智慧。而且，要悟得无上正等正觉，就得"破执"。执，就是执着，也就是不开窍，认死理，非在一棵树上吊死不可。执则迷，迷则不悟，叫作"执迷不悟"。执迷不悟也是禅宗用语，现在也变成了我们的口头禅。

禅宗大师们要破执、启智、开悟，弘法时就不能教条主义地照本宣科，得说些让人觉得耳目一新、豁然开朗、恍然大悟的话才行。比如什么"苦海无边，回头是岸"啦，什么"放下屠刀，立地成佛"啦，都是。这些惊人妙语即便不能真正使人觉悟，至少也让人觉得新鲜好玩，大家也都会跟着学。久而久之，也就成了人们的口头禅。

老母鸡变鸭

外来语大量成为中国人的口头禅,其盛况空前最早大约是在汉唐之际。

汉唐时期几乎有一千年之久,其间所谓"汉唐盛世"更是中国历史上很值得夸耀的辉煌时代。汉武帝好大喜功。在他手上,帝国的疆域竟扩张到两倍以上,广达五百万平方公里。唐太宗雄才大略。他采纳魏徵"中国既安,四夷自服"的建议,先把自己的事情做好,果然弄得九州臣服,八方来朝。什么突厥啦、吐蕃啦、高丽啦、日本啦、波斯啦,乃至亚美尼亚、东罗马帝国和阿拉伯半岛的大食,都一拨一拨地把使者和留学生派到中国来,心悦诚服地学习中国文化。于是大唐帝国便成了世界文化的中心。

中心总是会名垂史册的。事实上现在我们使用的语言被称作"汉语",或者被叫作"唐话",就因为这两个朝代国力最雄厚,文化最繁荣,影响最深远,和世界的交往也最多。结果大家记得住的,便不是汉,就是唐。比如日语当中用汉字的读音有吴音、汉音、唐音三个系统。京都的京读作きょう，是吴音；京畿的京读作けい，是汉音；南京的京读作きん，是唐音。日本人渡海而来，上岸的地方是江南，最先学去的当然是吴音。汉音和唐音就有点名不副实了。所谓汉音，其实是模仿唐代中原语音的。但那时唐的名气还不如汉大，于是便被称作汉音。后来，宋元明清又不如唐，结果模仿宋元明清语音的又被称为唐音。尽管北宋当局一再要求各国改称中国为宋，可惜收效甚微。这也怪不得人家。汉与唐，实在是"先前——比你阔得多啦"。

语言学家萨丕尔（Sapir）有句名言：语言很少是自给自足的。日本人要学中国话，中国人也要从外国人那里借语言。事实上，当两种异质文化发生关系时，影响从来就很少是单方面的。就算是打架吧，也会你一拳，我一脚，你在我身上划道口子，我在你身上留个伤疤。汉开拓，唐开放，与外部世界的交通联系自然频繁。张骞通西域，玄奘求佛经，饮食服饰、风俗习惯、语言文字之类的东西也会跟着"搭便车"。至少是，西域既通，现成的词汇就不敷使用；佛经既得，外文的翻译就成了问题。因此汉唐两代，也就成了大量借词汇入民族公用语库，华夏民族语言大大丰富的时代。

外来文化进入中国遇到的第一个问题，是那些外国有中国没有的东西，不知道该怎么叫。最便当的办法，自然是人家怎么叫咱们也怎么叫。这就是音译。但那时还没有汉语拼音，便只好找些读音相近的汉字来对付。这种办法，近现代也要用的，比如咖啡（coffee）、可可（cocoa）、坦克（tank）、苏打（soda）、沙龙（salon）、逻辑（logic）。苜蓿和葡萄也是。苜蓿和葡萄都来自大宛语，在伊朗语中分别是buksuk和budawa，读起来差不多。

我们老祖宗做事，是相当认真的。虽说不过是音译，也不肯胡乱找些字来凑合，总希望不但听起来像那么回事，看起来也得有那么一点意思才好。比如，葡萄原本翻译为蒲桃或蒲陶，后来几经斟酌，还是写成葡萄。因为葡萄既不是蒲（香蒲、菖蒲或蒲柳），也不是桃，更不是陶。写成葡萄，不但不会闹误会，而且还真有一嘟噜一嘟噜的感觉。

这也是中文翻译的一贯精神：信、雅、达。所以，用"可口可乐"译cocacola，用"伟哥"译vigra，便被称为"神译"。其实，雷达（radar）和模特（model）也是译得很传神的。雷达，像雷电一样迅速传达；模特，模样既好，又很独特。

不过，古人的困难比我们大。可用之字既少，新鲜事物又多，没有现成的经验可供借鉴，只好摸着石头过河。比如苜蓿就曾翻译为牧宿和目宿，琥珀则曾翻译为虎魄。但苜蓿毕竟不是放牧时睡觉或看得见的宿营地，琥珀也不是老虎的魂魄。译为牧宿、目宿、虎魄，怎么看怎么不对劲儿。于是，干脆一不做二不休，发明出新字来表示。除"琥"字古已有之外（琥是古代的一种礼器，即琥璜；或信物，即虎符），珀、苜、蓿，都是专门发明的。后来，但凡松柏树脂的化石都叫珀，如腊珀、金珀、明珀、水珀、花珀，只有红的才叫琥珀。

最妙的是"佛"。前面说过，中国原本是没有佛的。所以佛教刚传入中国时，Buddha一词的译法也五花八门。没驮、勃驮、浮屠、浮图、佛图、佛陀，不一而足。最后选定了佛陀，简称为佛。因为没驮、勃驮实在怪异，让人看了丈二和尚摸不着头脑，浮屠、浮图也容易产生歧义。当然，也可以意译为"觉者"，但总觉得不过瘾，既不崇高，又没有神秘感。想来想去，还是佛陀好。佛的本义是仿佛，即所谓"见不审也"。像释迦牟尼佛祖这样的人，我们自然看不真切，惚兮恍兮，高深莫测。再说，"佛"这个字也妙不可言，既是人（有单人旁），又不是人（弗人），正好用来表示那悟得了无上正等正觉的非凡的人。何况鬼、神、仙、佛并列，也很整齐。所以，用佛来译Buddha，也是"神译"。

比佛低一等的是菩萨。但这是中国人的说法。在原始佛教中，它本是释迦牟尼修行尚未成佛时的称号，全称是菩提萨埵，即梵文Budhisattva的音译。其中，菩提（Budhi）即断绝烦恼、成就涅槃的智慧和觉悟，萨埵（Sattva）即心系众生，不但自己修成正果，还要救万民于水火。所以，一个人，如果大慈大悲，救苦救难，就会被称作"活菩萨"或"菩萨心肠"。菩萨低眉，金刚怒目，一个唱红脸，一个唱白脸，佛家的世界很是丰富。

阎罗也是音译，而且和菩萨一样，都是偷工减料，省掉了两个字，全称则是阎魔罗阇（Yamaraja）。菩提萨埵简称为菩萨，阎魔罗阇简称为阎罗，并不光是为了省事，也是为了更容易为中国人所接受。你看菩萨和菩提萨埵相比，阎罗和阎魔罗阇相比，是不是更有中国味儿？至于邬波驮耶（Upadhyaya）译为和尚，比丘尼（Bhiksuni）称作尼姑，就更是中国化。事实上，菩萨、阎罗也好，和尚、尼姑也好，不但读音全变，意思也不尽相同，早就变成中国的名词，异国情调已经没有多少了。

引进与发明

　　的确，外国的词汇一旦翻译为中文，往往就会变成中国的东西，比如天堂和地狱就是。

　　天堂和地狱，就像历史、现实一样，是专门为了翻译外文造出来的新词，而且译得满是那么回事。地狱是地下的监狱，天堂是天上的殿堂。地有狱，天有堂，正所谓"恶有恶报，善有善报"。地狱是梵文Naraka的意译，天堂则是基督教的概念。佛教没有天堂，只有净土（Sukhavati），也叫极乐世界。其中属于阿弥陀佛的叫西方净土，也叫西天。一个人死了以后，如果能往生西方净土，自然是幸甚至哉，然而说一个人"上了西天"，却不是什么好词。这大约也是发明"西天"一词的人始料未及的吧！

　　又比如魔，是梵文Mara的音译，也译为魔罗，意为扰乱身心、破坏好事、障碍善法者。它最早写作"磨"，后来被梁武帝改为"魔"。这一改不要紧，魔王、魔鬼、魔怪纷纷出笼，建魔窟，伸魔爪，施魔法，设魔障，弄得人们颇有些难逃魔掌的感觉。可见语言这东西是有生命力的。一旦换了存在环境，就会变种，甚至生儿育女，衍生出新的词汇来。

就说罗汉吧，原本是梵文Arhat的音译，全文是阿罗汉，意思指断绝了一切嗜欲，解脱了所有烦恼的修成正果者。罗汉比菩萨要低一等，因此人数很多，没有八百，也有五百，一排一排地坐在庙里，当然是"罗汉"（罗列的汉子）了。在中国人的眼里，他们既然解脱了一切烦恼，自然应该是一脸的福相，胖墩墩的。于是那些胖墩墩的人或东西，便也被称作罗汉，比如"罗汉豆"或"罗汉肚"。"罗汉豆"就是蚕豆，"罗汉肚"则是发福之人的腹部，也叫"将军肚"或"老板肚"。其实叫将军肚是不对的。将军们如果一个个都腆着个大肚皮，怎么打仗？叫老板肚也有问题。现在大老板都懂得养身和健美了，挺着肚子的是小老板。叫罗汉肚就更不对头，出家人四大皆空，清心寡欲，怎么会吃出个大肚皮来？也许叫宰相肚还合适。"将军额上跑马，宰相肚里撑船"，宰相的肚子应该是很大的，只可惜能当宰相的人又太少。

能当宰相的人少，能坐出租车的人多。出租车在台湾叫计程车，在香港和广州叫的士。的士是taxi的音译，公共汽车（bus）则叫巴士。如果这公共汽车是小型或微型的，就叫"小巴"。但minibus叫小巴，miniskirt（超短裙）却不叫"小裙"或"微型裙"，而叫"迷你裙"。迷你，是mini的音译；裙，则是skirt的意译。这也是港用粤语的翻译。粤人港人翻译外文，喜欢音译，更喜欢音意双佳。"迷你裙"就是。事实上女孩子穿上这种超短裙，确实比较性感，也多少有点"迷你"的味道。可惜并非所有小型和微型的东西都性感，"迷你"一词的使用范围也就有限，比如minibus就只能叫小巴，不能叫"迷你巴"。

小巴和中巴都是面包车。面包车其实是旅行车。只因为外形像只长方形的面包，便被叫作面包车。面包车如果用来做公共汽车，当然得叫"巴"。如果用来做出租车，就不能叫"巴"了，只能叫"的"，北京人管它叫"面的"，昵称"小面"。北京人喜欢"小面"，因为便宜。十块钱起步，能跑十公里，超过起步价每公里也只要一块钱，坐的人还多。不过现在北京已经没有"小面"了。再过若干年，人们将不知"面的"为何物。

北京人的另一项发明是"板的"。"板的"其实就是平板三轮车，拉这车的则叫"板儿爷"。北京人爱用"爷"这个字，因此有钱的叫"款爷"，能说的叫"侃爷"，拉板车的当然就是"板儿爷"了。其实板儿爷并不是什么"爷"，正如"网虫"并不是什么"虫"。网虫就是迷恋因特网的人。北京人管着迷的人叫"虫"（比如"书虫"）。整天想着上网，一上去就不肯下来的当然是"网虫"。于是，一个外来的"网络"加一个本地的"虫"，就构成了"网虫"。这就像一个外来的"的士"加一个本地的"板车"就构成了"板的"一样，都是北京人创造的当代方言。

北京人创造了"面的"和"板的"，武汉人和成都人则发明了"麻的"和"炮的"。"麻的"其实就是三轮车。因为在武汉，驾三轮车的多为喝酒七斤八斤不醉的汉子，俗称"酒麻木"，因此他们驾驶的三轮车如果出租，便叫"麻的"。"耙的"则是自行车旁加一个车斗，原本应该叫"偏斗车"的；只因为这种偏斗车的发明，原本是为了让那些心疼老婆的老公载了太太们去上班、购物、兜风，而成都人管怕老婆的人叫"耙耳朵"，于是一致认为应该将此车美其名曰"耙耳朵车"。这种车，如果也拉客、出租，当然就是"耙的"了。

其实最爱搞"组装"的还是粤语方言区中人（主要是广州人和香港人）。粤人引进外来词汇有两个特点。一是喜欢音译，二是喜欢组装。比方说，内地人很少会把干酪（cheese）叫"芝士"，把奶油（cream）叫"忌廉"，把烤面包（toast）叫"多士"，广州人和香港人就会。他们也管足球、篮球、排球一类的球（ball）叫"波"。于是，打球便叫打波，看球便叫睇波，球王便叫波霸，而球衣则叫波恤。恤，是shirt的音译，意思是衬衣和衬衣一类的东西，也叫恤衫。波恤既然是"打波"时穿的"恤衫"，也就是运动衣了。

把运动衣叫作波恤，是粤语方言区独有的叫法。后来流行到全国的是T恤。T恤就是短衫，老上海话称作"贴血"，现在也都叫T恤了。实际上外语一旦用方言来翻译，那译名便会五花八门。比如toffee（奶油糖），广州话叫"拖肥"，上海话却叫"太妃"（太妃糖）；butter，广州话用意译，称为"牛油"，上海话却用音译，称作"白脱"。看来，外语登陆的地方不一样，译成中文也不同。因此，我们还要来讨论一下外语与方言。

外语与方言

南方和北方，有着不同的外来词。比如雪文、洞葛、五脚忌、加步棉这些词，北方人听了肯定是一头的雾水。其实它们是印尼马来亚语肥皂、手杖、街廊和木棉的音译，是闽南华侨从东南亚带回厦门的。同样，列巴、苏波之类，南方人听了恐怕也不明就里，除非他懂俄语。俄语在中国也曾很普及了一阵子，所以康拜因、布拉吉之类，大家或许还明白。但要知道列巴和苏波是俄语面包和汤的音译，大约就只有东北人和新疆人了。东北人很早就和俄国人打交道，新疆与苏俄的关系也很密切，因此列巴、苏波之类的俄译名词，在东北和新疆还流行。

不过，更值得一说的还是上海和广州。

上海和广州是中国近代以来对外开放的两个最大窗口和门户。这两个城市，又分别是吴语和粤语的重镇。结果一些外语在上海和广州登陆后，就被翻译成吴语和粤语了。比如沙发（sofa），用普通话翻译应该是"梭发"。但上海人把"沙"读作"梭"，也就成了"沙发"。还有"快巴"（fiber，一种纺织品），也只有用粤语读才对头。

粤语翻译的外来词走向全国的，除巴士、的士、恤衫、迷你裙外，还有菲林（胶片或胶卷）、镭射（激光，内地曾译为莱塞）、派对和的确良等等。"的确良"是dacron的粤语音译，广州人写成"的确靓"。靓是漂亮的意思，比如靓仔就是漂亮男孩。所以"的确靓"是典型的粤语译法，追求音近意佳的。但六七十年代的确良从广州进口时，粤语还不像现在这么普及，北方人弄不清那"靓"是什么东西（甚至也不会读），就改成"的确凉"。后来发现这玩意儿也未必凉快，又改成"的确良"。

沪译外语在二十世纪五十年代前也曾风行一时，现在则多半不用了，比如生司（cents，硬币）、派司（pass，通行证）、切司（cheese，乳酪）、水门汀（cement，混凝土）。要用，范围也不大。比如"罗宋汤"，西餐菜谱上还有。有些词，新上海人宁愿直接说英语，比如暂停说stop；有些词，则和全国统一，比如bar（酒吧）不再叫"排"，而叫"吧"。

然而还是有些外来词像盐溶入水里一样，化得不见痕迹了，比如洋泾浜英语（薛理勇《闲话上海》）。洋泾浜，在今上海延安东路一带，当年是黄浦江的一条支流，也是租界的界河。既然是界河所在，便难免华洋混杂，交易频繁的。那时与洋人打交道的，有所谓洋行帮、生意帮、白相帮和码头帮。但不管是哪一帮，英语都不怎么地道（洋行帮水平最高，码头帮最差），都夹杂着上海话或上海腔，所以叫洋泾浜英语。

洋泾浜是地地道道的上海特产，也是典型的外语加方言。

那时上海的各行各业差不多都要和洋人交往，连人力车夫一类的苦力也不例外，也就顾不上语音标准不标准，语法规范不规范。为了普及英语，更有好事者编出洋泾浜歌："来是康姆去是谷，廿四洋钿吞的福。是叫也司勿叫诺，如此如此沙咸鱼沙。真靲实货佛立谷，洋行买办江摆渡。翘梯翘梯请吃茶，雪堂雪堂请侬坐。打屁股叫班蒲曲，混账王八蛋风炉。麦克麦克钞票多，毕的生司当票多。红头阿三开泼度，自家兄弟勃拉茶。爷要发茶娘卖茶，丈人阿伯发音落。"如果用上海话把这歌诀念一遍，保管洋泾浜味道十足。

不但外语会变成方言，方言也会变成外语。比如英语中的tea，便是闽南话"茶"的音译，法语和德语也是（俄语和日语中的茶则是北方方言的音译）。此外，Bohea（武夷）、Pekoe（白毫）、Oolong（乌龙）、Souchong（小种，即小毛尖）、Hyson（熙春）、Congou（工夫茶），也都不是来自闽语，便是来自粤语，而且多半来自闽语。（陈原《社会语言学》）可见，文化的交流总是双向的。中国人固然要"西扯"，西方人也要"东拉"。

拉拉扯扯之中，难免以讹传讹。比如英语中围棋叫go，就是日语"碁"的音译。围棋在日文中写作"碁"，读作ご。其实中国古代围棋也叫"碁"，碁和棋是相通的。老外不但不知道日本人的这个"碁"就是中国人的"棋"，而且还以为围棋是日本人的发明，称作"日本的棋艺"。这可真是让人哭笑不得。不过这已是题外话，不说也罢。

死去活来

词语就像人一样,有的要"死去",有的要"活来",有的会"转换角色",有的会"增减体重"。即便是很"新潮"的方言,也不例外。甚至越是新潮,就越是变化快。

上海口头禅

话语的"死去活来",是再正常不过的事。世界在变嘛!社会制度、生活方式、思想观念变了,话语相应地也要变。就连"万寿无疆"也不可能万寿无疆。过去这个词在中国人的社会生活中是用得很频繁的。词语就像人一样,有的要"死去",有的要"活来",有的会"转换角色"(由一种意思变成另一种意思),有的会"增减体重"(增加内容或缩小范围)。即便是很"新潮"的方言,也不例外。甚至越是新潮,就越是变化快。比方说上海话。

上海话往大里说当然是吴语的一种,但上海话在吴语中是很特别的。特别之处有两点,一是杂,二是新。上海话是很杂的。周边地区的方言土语,松江话、苏州话、宁波话、杭州话,上海话当中都有,可谓兼吴越而有之。比如"小鬼(读如居)头"就是宁波话,"勿来三"就是苏州话,"莫牢牢"则是杭州话。所以上海话也是很丰富的。光是"很",上海话当中就有交关、邪气、穷、牢(老)、赫等好几种说法。这也不奇怪,来源多嘛!

上海话也新。许多词汇、说法、口头禅、俏皮话，都是过去吴语中没有的。因为上海是近百年间迅速崛起、全然不同于传统社会的工商业大城市和国际化大都市。半个世纪以前，上海的社会制度、生活方式、思想观念，和中国其他地方很不一样。什么招商局、巡捕房、交易所、拍卖行，何曾有过；什么拿摩温（工头）、康白度（买办）、披霞那（钢琴）、梵哑林（小提琴），也闻所未闻。外地人自然也不知嘎斯（煤气）和水汀（暖气）、司的克（手杖）和司必灵（弹簧锁）为何物，没用过嘛！

其实上海人原本也是外地人。他们为这个全新的世界所吸引，从五湖四海、东洋西洋纷至沓来，云集于此，正所谓"人物之至止者，中国则十有八省，外洋则廿有四国"。宁波老板、江北苦力、印度巡捕、罗宋瘪三（白俄流浪汉），都要在这里落脚谋生，便都把自己的语言文化带进了上海。就说吃食吧，广东人卖鱼生粥，绍兴人卖霉干菜，苏北人卖麻油馓子，宁波人卖糯米汤团，上海街头就什么小吃都有，就像上海话里什么方言都有。上海这地方，人也杂，事也新，上海话自然也就既"杂格咙咚"，又"簇骨勒新"。

何况上海还是"十里洋场"。于是上海话当中便难免会夹杂着"洋鬼子话"，哪怕它是"洋泾浜"的。上海人甚至连损人都会用洋文。比如一个人上班开会总是最后一个到，便会被叫作"拉司卡"；而一个人脸皮厚，则会被叫作"邓禄普"。拉司卡是英语last car的音译，意思是末班车。邓禄普（Dunlop）

则是一家英国轮胎公司，生产的轮胎特别厚实。然而这些话现在已经没有多少人会说了，听得懂的也不多。就连派司（通行证）、扑落（电器插座）、回丝（废棉纱头）、水门汀（水泥地坪）、卡宾枪、开司米、克罗米、乔其纱、派力司、阴丹士林，这些曾经风靡一时的新鲜名词，现在有的读来已有恍如隔世之感，不能不让人感叹"这世界变化快"。事实上即便上海人，新一代和老一辈说话也不一样。比如"很"，老上海更喜欢说"邪气""交关"，年轻人则喜欢说"牢"（老）、"赫"（瞎）。

其实"牢"的渊源是很久远的。上海话当中这个表示"很"的字，究竟应该写作"老"，还是应该写作"牢"，一直有争议。我认为两说都有道理，但有些地方写作"牢"没准更好。"老"当然有"很"的意思，比如老早、老远。不过上海人在说这个字的时候，往往还有"特"的意思。如果是表示"特"，那就不能写作"老"，而应该写作"牢"了。因为"老"没有"特"的意思，"牢"却与"特"有些瓜葛。"特"也好，"牢"也好，都从"牛"，也都是古代祭祀用的牲畜。祭祀是一件大事，用的牲畜也很讲究，要求体全色纯。色纯的叫"牺"，体全的叫"牲"，合起来就叫"牺牲"（也都从牛）。"牺牲"主要有牛、羊、豕三种，都叫"牢"。其中有牛的叫"太牢"，没牛的叫"少牢"，只有一头"牺牲"就叫"特"。如果是一头牛，就叫"特牛"，也叫"太牢"；如果是一头羊，就叫"特羊"，也叫"少牢"。你看，"牢"与"特"是不是有点关系？

实际上，用来做"牢"的牛羊总是"特"好。它们被圈养在"栈"里。所以"栈"也有品质优良上乘的意思，比如栈鸡、栈鹅，就是精心饲养的上等鸡鹅，栈鹿则更是御用之物。如今吴语方言区仍把东西好质量高叫作"栈"，只不过写成"崭"而已，比如"今朝小菜蛮崭咯"，或"格物事牢崭咯"。"崭"当然也有"很"的意思，比如崭新、崭绿。但如果这样理解，则"牢崭"就变成"特很"了，当然不通。何况，"很"不一定就"好"，只有"栈"才一定好。所以，薛理勇先生《闲话上海》一书认为，上海话当中的"崭"，其实原本是"栈"，这是很有道理的。当然，崭，也可能是本字。因为"崭"原指"山高貌"（崭然），也泛指高出一般、高人一筹，比如"崭露头角"。如此，则"牢崭"就是"特高"（特别高档）了。看来，"牢崭"也不一定要写成或讲成"牢栈"。

不过薛先生发现了"栈"的秘密，却又说"牢"字不知如何写。他认为可能是来源于杭州话当中的"莫牢牢"。比如杭州人讲"很多"，就说"莫牢牢多"。传入上海后，就变成了"牢多"。其实，"莫牢牢"在许多方言书中都写作"木佬佬"。如此，则"牢多"岂不是要写成"佬多"？实际上，"牢"就是"特"，"牢多"就是"特多"，"莫牢牢多"就是"不要太多"。我们不是奇怪新上海人为什么动不动就说"不要太"（不要太潇洒，不要太漂亮）吗？原来是把"莫牢牢"翻译成了普通话。

北京流行语

杭州方言"莫牢牢"一旦翻译成普通话,就让人觉得莫名其妙;而"不要"二字如果快读,就成了"暴"。暴,是新北京人的口头禅,意思是"猛",比如暴撮(猛吃)、暴侃(猛说)、暴捶(毒打猛揍)、暴磕(破釜沉舟)、暴切(疯狂地倒外汇或打台球)。新上海人也说"暴",比如暴好、暴多、暴搞笑。这个"暴多"是北京人的"猛多",还是杭州人的"莫牢牢多"(不要太多)呢?那就只有他们自己知道了。也许,是他们爱说的"N多"吧!

其实"莫牢牢"原本就有"多"的意思(如"伊格朋友莫牢牢"),新上海话的"暴"也不同于新北京话的"暴"(一个是"特",一个是"猛")。广州人也说"暴",只不过要写作"爆",比如"爆棚"。"爆棚"就是观众特多,把剧场的棚子都挤"爆"了,所以也叫"火爆"。"爆棚"也好,"火爆"也好,现在也都成了全国性的流行语,大家都跟着说。不过北京人往往省掉那个"爆",单说"火"。火,有旺盛、热烈、火爆、红火、走红等意思。火红火红，一个人，一本书，一部戏，如果"火"了，当然也就"红"了。

一般的走红叫"火"，特别走红就叫"剧火"。剧，也写作"巨"，有很、极、特别、非常的意思，和新上海话当中的"暴"相近。比如"剧飒"就是极其漂亮、非常潇洒、特有风度，也叫"巨洒"。洒是潇洒的洒，飒是飒爽的飒，意思都一样。

也不光是潇洒、漂亮、有风度叫"剧"，窝囊、土气、傻、倒霉，也可以叫"剧"，比如剧面、剧帽、剧惨、剧累。北京人管软弱、无能、窝囊、没用叫"面"（软弱无能，窝囊没用的人则叫"面瓜"），管土气和傻叫"帽"（此类人物也叫"土老帽""傻帽儿""老帽儿""帽儿爷"）。如此，则剧面就是特软弱、特无能、特窝囊、特没用，剧帽就是特土、特傻。还有剧惨和剧累，分别有特狼狈、特可怜和特不潇洒、特不快活、特没劲的意思。比方说："春节联欢晚会越办越累——导演演员累，全国人民剧累。"这里说的"剧"，就不但是"特"，也是"更"。剧，原本就有"甚"的意思，比如剧烈、剧痛、病情加剧，北京人不过是把"剧"最古老的词义又重新开掘出来了而已。

没决断的人叫"面瓜"，没胆量的人叫"怂货"，没骨气的人叫"软蛋"，没脑子的人叫"傻帽"。这些北京人都看不上，看得上的是"腕"。腕，原本是江湖上的话，一般写作"万"，武侠小说中就有"扬名立万"的说法。北京人改"万"为"腕"，又发明了"腕儿""大腕"，大约因为在他们看来，此类人物大多有些"手腕"，甚或是"铁腕"吧！

和"腕儿"平起平坐的是"款儿"。腕儿是有能耐、有地位、有权威、有名气的人,款儿则是有钱的人。款儿也是历史上就有的,原意是"架子"。比如《红楼梦》第四十四回就说"今儿当着这些人,倒拿起主子的款儿来了"。新北京方言用"款儿"来指那些财大气粗的人,倒是合适——钱也叫款,而有钱的往往也有架子。由此及彼,则又有大款、款爷等等。

流行于全国的词还有"侃",包括神侃、胡侃、侃山、侃价、侃爷。其实"侃"也是古为今用,它原本就有调侃、戏弄、胡说八道、漫无边际地闲扯乱说等意思。关汉卿的《望江亭》里有"浪侃",王实甫的《西厢记》里有"胡侃",可见古人早就在"侃"了。只不过"侃"字在古人那里不是什么好字眼,就像"能说会道"不是什么好词一样。传统社会中的中国人对能言善辩者大都没有什么好感。巧言令色、摇唇鼓舌、天花乱坠、夸夸其谈,都是贬义词。现如今的北京人是把"侃"当作一种事业来看待的。在北京,一个能说会道特能侃的人,会受到普遍的尊敬,至少也能享受有一技之长手艺人的待遇。他们被叫作"侃爷",而那些专供人们发表各种见解、浪侃胡哨的地方,比如各类学会、协会、社团、沙龙,则被称为"侃协"。

北京人也能侃出学问、侃出名堂来,哥儿个凑在一起一顿暴侃,没准就侃出什么信息什么点子来。所以有人说,别的地方学问是做出来的,北京人的学问是侃出来的。至少,也能丰富语言,提高语言的表现力。北京的现代流行语为什么那么多？侃出来的么！

这也是北京成为现代流行语策源地之一的一个原因。中国现代流行语的策源地主要有三个：北京、上海、广州。上海和广州成为这样一个策源地，是因为两地都曾"开风气之先"，交替成为新生活、新时尚的倡导者。上海在二十世纪上半个世纪出尽风头，广州在下半个世纪后来居上。北京成为这样一个策源地，除因为它是政治文化的中心外，还因为北京人会侃爱侃。会侃爱侃，就会在语言上下功夫，琢磨怎样才能侃得有趣，侃得传神。结果，几乎每一个"新鲜事物"出现，北京人都能发明出相应的说法，还能说得既形象生动，又简洁明了，上口好记，比如官倒、猫腻、练摊、搓麻、蒸馏水衙门。蒸馏水衙门就是比清水衙门还没油水的单位。清水衙门虽然清，那水里面好歹还多少有点养分。蒸馏水里有什么呢？什么也没有。

瞧这词儿说的，你不能不服了北京人。

创造力强的地方，新陈代谢也快。就算你不想变吧，又哪里架得住"这世界变化快"？于是流行语也难免"死去活来"。甭说早些年前的杀口（味道）、淘唤（寻找）、转影壁儿（躲藏）没人说了，就连二十世纪六十年代还流行的提货（盗窃）、鼠味（猥琐）、国防绿（军装）也没什么人说了。旧的不去，新的不来。我们只能对它们表示沉痛的哀悼。

从头到尾

死去活来的不仅有词,还有词头和词尾。

例如品、性、度这样的词尾,我们在清代以前也用,但极少,大规模的使用是在近现代翻译西方词汇以后。比如把food译为食品,work译为作品,production译为产品;把possibility译为可能性,importance译为重要性,impermeability译为不渗透性;把length译为长度,strength译为强度,height译为高度,speed译为速度。想想也对,品,原本有"种类"的意思;性,原本有"性质"的意思;度,原本有"度量"的意思。用在这些地方,很是合适,于是便有了现成品、必要性、透明度之类的词。

品、性、度是"活来"的词尾,"有"则是"死去"的词头。上古时,地名、国名、部落名前,往往要加一个"有"字,比如有虞、有苗、有殷、有周。现在没多少人这么说了。只有个别人写文章,还会把"明代"写成"有明一代",许多人还看不懂。

长生不老的词头是"阿"。用"阿"做词头,汉代就开始了。有用在疑问代词前的,如"阿谁";有用在小名甚至名字前的,如"阿瞒"(曹操)、"阿斗"(刘禅)、"阿恭"(庾会)、"阿连"(谢惠连);还有用在称谓前的,如阿翁、阿婆、阿爷、阿戎(戎指从弟)。阿谁、阿你,现在没人说了,其他用法则都保留了下来,而且主要流行于南方地区。北京话里已经没了"阿"这个词头。北京也有"阿哥",但那是指皇子(如雍正就是康熙皇帝的四阿哥),而且"阿"也不念阴平,念去声。"阿"在北方其他方言也多半只用于称谓,如"阿大"(父亲)。南方(尤其是闽、粤、吴方言区)则各种用法都有。阿哥阿妹、阿公阿婆不用说,阿张阿黄(加在姓氏前)和阿明阿华(加在名字前)也很普遍。粤语还用于排行,如"阿三"(别的地方则叫"老三")。吴语则连骂人的话也说"阿",如阿木林、阿吾卵。最通常的,当然还是用于人名,如"阿Q"。

南方人喜欢说"阿",北方人喜欢说"老"。阿张阿黄,到了北方就是老张老黄;阿三阿六,到了北方就是老三老六;阿华阿明,到了北方也可能是老华老明。白居易就称元稹为"老元",苏东坡则称文与可为"老可"。可见称"老",至少从唐代就开始了。那时也有老兄、老姊一类的称呼,和现在没什么两样。宋谚云:"关节不到,只有阎罗老包。"老包就是包公(包拯)。包公是不收红包的。阎王按生死簿勾魂,想收也收不了。所以关节(贿赂)不到,便只有阎罗和老包。

有"老"便有"小"。小,也是常用的词头。老张老黄、老三老六、老华老明,也可以称作小张小黄、小三小六、小华小明的。苏东坡在称文与可为"老可"的同时,便自称"小坡"(老可能为竹写真,小坡今与竹传神)。老是尊称,小则是谦称,也是昵称。所以范成大便称苏东坡为"老坡"(快诵老坡秋望赋,大千风月一毫端),孙悟空则自称"老孙",因为此人从不谦虚。除了此公,自称"老某"的,并不太多,除非是开玩笑,或者写杂文。

词头"老"也可以用于动物,如老鼠、老虎、老鸹(读如挖)。北京话当中有许多"老"字的奇特用法,几乎是可以加于一切事物的。比如老谣(谣言)、老斋(呆子)、老吊(起重机)、老家贼(麻雀)、老阳儿(太阳)、老崩儿(死心眼)、老鼻子(多得不得了)。最好玩的是把脸蛋叫作"老苹果",嘴叫作"老樱桃",脑袋叫作"老屋子",脚丫叫作"老丫丫"。至于把老成持重的人叫作"老梆子",把老于世故的人叫作"老油条",把傲慢无礼的人叫作"老鼻烟壶",把软弱无能的人叫作"老米嘴儿",则明显地带有调侃甚至蔑视的味道。

南方方言中也有类似的说法。比如上海人就把狡诈奸猾的老女人叫作"老蟹",把作风不端的老男人叫作"老甲鱼",把非常在行的人叫作"老刮采",把喜欢卖弄的人叫作"老茄茄"。至于赣语中的"老表",湘语中的"老倌",北方方言中的"老客",则都是尊称。

称"老"的不一定都老(比如北方方言中的"老疙瘩"就是指最小的子女),称"小"的也不一定都小(比如上海人所谓"小菜"其实包括所有的菜）。称别人老杨老李，多半是客气；称别人小赵小王，却不一定是"装大"，也可能是亲切，和称"阿"意思一样。小张小黄、小三小六、小华小明，还有小弟、小妹、小鬼、小妞、小家伙、小把戏、小不点儿、小萝卜头，都透着亲切感。就算是"小钢炮"（性情直率、说话挺冲的年轻人）吧，也有一种爱昵的意味。只有"小姐"是个例外。"小姐"原本是对大户人家女儿的尊称，现在则被弄得另有含义，以至于一些女孩子都不愿意被人称作"小姐"了。

看来，即便是词头，也有特定的文化内涵。北方人便喜欢称"老"（老兄老弟），称"大"（大哥大姐）；南方人则喜欢叫"阿"（阿哥阿妹），叫"小"（小囡小毛）。阿哥阿妹，显然比老哥老妹亲切，因此也是南方情歌中的常用称谓（阿哥阿妹的情意长），北方情歌中则称哥哥妹妹（只恨妹妹我不能跟你一起走，只盼哥哥你早回家门口）。哥哥妹妹只是一个客观事实，不带情感色彩。即便用在情歌中，也还是"发乎情，止乎礼"的。

那么，妹妹你大胆地往前走！

妹妹你大胆地往前走

妹妹在北方某些地区也叫"妹子"(长沙话中的"妹子"则是女孩子的意思,和成都话中的"妹娃"相同)。子和儿,也是常用的词尾。不过南方用"儿"做词尾的很少,更喜欢用"子"。比如小孩,湖南人叫"伢子",四川人叫"娃儿",武汉人则叫"伢"。男孩叫"男伢",女孩叫"女伢"(也叫"姑娘伢"),"这个孩子"就是"这伢"。湖北话和四川话都是西南官话,但湖北和湖南过去同属楚国,交往也多,不能不受些影响。所以湖北人就既不说"伢子",也不说"娃儿",干脆只说"伢",读音也和湖南话差不多。

吴方言区除杭州人外,也很少说"儿"。比如苏州话只说"桃子",不说"桃儿";也不说"剪子",而说"剪刀"。但钞票、车票、电影票却叫"票子"。可见"子",也还是吴方言区爱用的词尾。上海话和苏州话中甚至还有"今朝子""明朝子"的说法。不过他们更爱用的还是"头",比如绢头(手绢)、站头(车站)、被头(被子)、灶头(炉灶)、夜头(晚上）、外头（外面）、角落头（旮旯）、里厢头（里面）。闽语和客家话也说"头"。客家话中有上昼头（上午）、下昼头（下午）、夜哺头（晚上），莆仙话中有顶头（上面）、下头（下面）、冥头（晚上）、早起头（早上）。闽语里还有肩头（肩膀）、标头（商标）、号头（号码）、位头（座位）、症头（病症）、担头（担子）。有些词，加上"头"以后，就有了特定的意思，如菜头（萝卜）、尺头（尺寸）、门头（门槛）、称头（斤两）、药头（头道中药汤剂）。

粤语既不用"头"做词尾，也很少甚至完全不说什么"儿"，什么"子"。广州话里只有刀、剪、箸、禾、竹、叶，没有刀子、剪子、筷子、稻子、竹子、叶子，当然更没有刀儿、剪儿、筷儿。反倒是苏州话里有"筷儿"，湖南话里有"箸（读如举）子"（比如吃一点点就叫"吃一箸子"）。广州话里只有"仔"（崽），比如男仔、女仔、细佬仔（小孩）、疏虾仔（婴儿）、马仔（跑腿的）、公仔书（小人书）、煲仔饭等等。其实仔就是崽，也读作崽而不读作子，意思却和"子"相同。子，有虚有实。用在词尾时义虚，要读轻声。所以"老子"（老聃）不是"老子"（老爸）。仔也一样，要看义实义虚。如果用在实处，那就是"崽"，比如"两个仔三个女"。

仔，有"小"的意思。广州话中，但凡小（包括小瞧）的都叫仔，如打工仔。所以"刀仔"不是刀子，而是"小刀"。如果那刀子并不小，就只能叫"刀"，不能叫刀子或刀仔。同样，鸡仔、船仔也就是小鸡、小船。至于煲仔，大约就是小砂锅了。

这就有点近似于北京话当中的"儿"。有人认为北京话就是说什么都带"儿"字音,其实是不对的。并不是随便什么东西在北京话当中都能带"儿"字。学校、工厂、衙门、政府、人造卫星、摩天大楼这些词后面都不能带"儿"字。大马路后面也不行,但可以说"遛弯儿""抄小道儿"。自家家门也可以说"儿",比如"带孩子来家坐坐,认个门儿"。包括门道、门路、办法、可能性的"门",也能这么说,比如有门儿、没门儿、门儿清。如果是正阳门、地安门,就只能叫前门、后门,不能叫前门儿、后门儿。便是车、马、船,也不能随便儿化。小车儿、小马儿、小船儿是可以的,大车、大马、大船就不能加儿。大人当然也不能叫"大人儿",除非是"小大人儿"。

也就是说,儿,只能用在小东西、小事物、小人儿身上,因此往往带有亲切爱昵的成分。比如身子骨儿、眼力劲儿什么的。"小小子儿,坐门墩儿,哭哭啼啼要媳妇儿。要媳妇儿,干啥事儿?点灯,说话儿;吹灯,做伴儿;明儿早晨梳小辫儿。"这首歌谣,很能说明带"儿"字的是个什么味儿。

粤语和闽语中的"仔"也有这样的味道。比如闽语中的"一点仔"就是"一点儿","一丝仔"就是"一丝儿","一片仔"就是"一小片儿","一碗仔"就是"一小碗儿"。不过闽语中的"仔"既不是"崽"也不是"子",而是"囝"。囝,也可以写作"囡"。囝和囡都指小孩。但一般地说,囝指男孩,囡指女孩,或分门别类地叫作男小囡、女小囡。囝是闽方言,囡是吴方言。吴语就算写"囝"这个字,也读作"囡"。

再说吴语也不用"囝"做词尾,用"头"。如果用于人,则多半有亲昵疼爱的意思,如小鬼(读如居)头、毛毛头、囡囡头。上海人还会在孩子的名字后面加一个"头",以为小名、爱称、昵称,比如一个名叫什么波的孩子便会被叫作"波波头"。这些都是北方没有的说法。

其实吴语原本也是说"儿"的。至少在明代,苏沪一带方言还是以儿尾词占优势。人儿、口儿、心儿、门儿、郎儿、姐儿、猫儿、狗儿、瓶儿、钩儿这些词都有,现在则只剩下"囡儿"和"筷儿"了。同样,用"头"做词尾,也是老早就有了,而且很普遍,如前头、后头、年头、日头、念头、想头、码头、锄头、石头、木头、骨头、舌头、准头、甜头、苗头等等。但"座头""房头"这些词,虽然《水浒传》《西游记》里面有,现在却主要流行于吴语方言区。王力先生说,"头"作为词尾,始于六朝(《汉语史稿》),而六朝王室在江南。不知是不是这个原因,吴语更要爱说"头"一些。

儿和子也一样。用"子"做词尾,魏晋以后就开始了。汉子、犊子、种子、日子这些词,已见于六朝时的著作。唐以后,就更多。茄子、豆子、燕子、柚子、帽子、袄子、妃子、娘子,还有面子,和现在没什么两样。用"儿"做词尾则要晚到唐,比如"打起黄莺儿,莫教枝上啼"。不过那时用在鸟兽鱼虫后面的"儿",多半指其初生者,如鹅儿、鸭儿、蚕儿。即便是词尾,也不一定就念轻音。宋以后,才有了车儿、船儿、唇儿、葫芦儿一类的词,名词也才开始"儿化"。但这时,中原汉人大规模南下闽、粤、赣,创建新方言的事已成历史,南方六大方言的格局已经形成,没谁会当"儿皇帝"了。

新与旧

一般地说，作为词尾，"儿"和"子"可以互换。但换过以后，语感就不同了。比如猫儿和猫子，兔儿和兔子，老头儿和老头子，就不一样。也有不能换的，如花儿、草儿、脸蛋儿。因为"儿"可以发展为爱称，也可以表示调侃或微讽，比如款儿、腕儿、小大人儿，"子"就不行。再说，换成"子"，意思也变了。比如"款子"就是钱，不能用来表示那些有钱的主（款儿）。

粤语和闽语没有"儿"这个词尾，便用"仔"来表示。吴语不喜欢说"儿"，就说"头"。仔，是一个南方方言字。《说文解字》里也有"仔"，但那是能够、胜任的意思。也不读"崽"，读"滋"。头，大约原先也是一个南方方言字。王力先生说战国以前没有"头"字，中原雅言管"头"叫"首"（很久以后北方还叫"首级"），"头"可能是方言进入了普通话。（《汉语史稿》）先秦典籍中，首先使用"头"字的是《墨子》和《庄子》。墨子、庄子包括他们的门徒都是南方人，因此我怀疑"头"最早也是南方话。

南方话中古文不少。比如闽南话仍然管"脸"叫"面"，"眼"叫"目"。这是很古老的说法。战国以前无"眼"字，汉以后才有，而且指眼球，相当于"睛"。"脸"字则直到公元六世纪才出现，而且也只指涂胭脂的地方，因此可以说"双脸""两脸"，意思是"两颊"。如果脸面相同，则一个人只能有一张脸，哪有两张脸的？岂非"两面派"？脸与面、眼与目，既然并不相等，闽南人便不肯含糊，坚持把脸色叫"面色"，眼珠叫"目仁"。

面变脸，目变眼，还不算"面目全非"。意思走样，或褒贬相反的词也很不少。比如"下海"就是。下海，原本指被迫或自愿从事某种"贱业"或黑道营生，比方说去当娼妓、海盗，加入流氓团伙等。只不过，一般地说，书生当强盗叫"落草"，民妇做妓女则叫"下海"。也许，正因为良家妇女沦为娼妓叫"下海"，妓女从良在粤语中便叫"埋街"（靠岸）。旧社会，伶人（艺人）的地位也不比妓女高多少。他们不叫"演员"更不叫"明星"，而叫"戏子"。爱好戏剧，自己也演着玩儿的，则叫"票友"。票友参加盈利性演出，或者由业余的变成职业的，也叫"下海"。如果仍然保留业余身份，也不靠演戏挣钱，则叫"玩票"。显然，下海与玩票，区别就在一个"钱"字；而机关干部、大学教授们为生活所迫，或为了"先富起来"，放弃自己的官位或专业去经商，便也可以叫作"下海"的。

不过时代不同了。过去"下海"不怎么体面，现在"下海"则挺光荣，也没人把它和什么妓女之类的事情联系在一起，顶多联想到票友。事实上许多人"下海"，一开始也不过只是"玩票"，玩着玩着就变成真的了。因为"玩票"只能做"马仔"，"下海"才能当"老板"。"马仔"是粤语，原本指打手、保镖，现在也指跟班、下手，或为老板鞍前马后奔走效劳的人。有点本事的人都不会甘当"马仔"，于是便"下海"。

其实不"下海"也能当"老板"。因为"老板"这个词也发生了变化。过去，叫"老板"的是两种人。一种是私营业主，另一种是戏班子里的腕儿，他们往往也是班主。新中国成立以后，工厂商店什么的不再私有，艺人们也不用再跑江湖，没什么人是老板，大家都是"同志"。吃得开的也不是老板，而是"师傅"。"老板"这个词，也就从此销声匿迹。然而语言是随着社会生活的变化而变化的。"死去"的也可以再"活来"。现在，不但私营业主是"老板"，就连单位领导和研究生导师，也叫"老板"。"师傅"和"同志"，则差不多变成了明日黄花。至少在东南沿海地区，已经很少有人使用了。

说起来"师傅"和"同志"也是老词。《穀梁传》云："不就师傅，父之罪也。"《后汉书》则云："所与交友，必也同志。"所谓"师傅"，就是教学问、教手艺、教本事的人，"同志"则是志同道合者。这倒是古今如一。

看来，语言，尤其是流行语，也有点像时装。有"行时"的，也有"过气"的。三十年河东，三十年河西，一点也不稀奇。

张冠李戴

张冠李戴是生活中非常常见的语言现象。一般地说,但凡不那么好的事情,总会有个委婉的说法。

嗝儿屁着凉大海棠

嗝儿屁着凉一个大海棠!

这可真是让人丈二和尚摸不着头脑。别说是老外了,便是咱们中国人,十有八九听了也是一头的雾水。什么叫嗝儿了?什么叫屁了?什么又叫嗝儿屁着凉一个大海棠?整个一莫名其妙!

其实,说白了也很简单,就是死了。

死了就是死了,怎么叫嗝儿了,和大海棠又有什么关系?原来这就叫"忌讳",也叫"塔布"。塔布(taboo或tabu)是人类学的名词,语出南太平洋汤加群岛,意思是禁忌,包括行为的禁忌和语言的禁忌。语言的禁忌也无非两个方面。一是某些神圣的词不能说,或不能随便说,或只能由特殊身份的人使用;二是某些不祥或低贱、污秽的词也不能说。比如"朕",原本是"自身"的意思。但后来规定只有皇帝才能称"朕",老百姓也就"身不由己",不敢说了。至于"死",则是从皇帝到平民都忌讳的,当然也不能说。

人总是要死的,但没有人愿意死,好死不如赖活着。所以"死"之一词，历来就有种种委婉的说法，据说在英语中有一百零二种，汉语中则不下三百之数（参看曲彦斌《民俗语言学》）。常用的有去世、过世、逝世、长眠、安息等等。这些说法都带有感情色彩。比较好听的有仙逝、归西、百年之后，不好听的有断气、蹬腿、见了阎王，更不好听的则有嗝了、屁了、玩儿完了、喂了野狗、听蛐蛐儿叫唤去了。这些说法又分为官方和民间、书面和口头两种。驾崩、大行、坐化、圆寂、牺牲、就义、捐躯、殉国、尽忠、成仁等等是前一种，蹽腿儿、回去了、弹老三、一脚去、翘辫子、上西天，是后一种。但不管怎么说，反正不说"死"。

不但"死"不能说，连和"死"同音的字也不能说。上海话"洗"和"死"同音，就不说"洗"，得说"汏"（读如打）。洗头叫汏头，洗澡叫汏浴，洗手绢叫汏绢头。外地人到上海理发，理发师问"侬格头汏勿"，外地人听了吓一跳，不知道理发为什么还要"打头"。如果理发要"打头"，那么洗澡要不要"打屁股"？上海人肯定回答说"要"。不但屁股要"汏"，其他别的什么地方也一样统统都要"汏"的。

但在上海，却是不能不这么说的。比如不说"侬先汏"，而说"侬先洗"，就等于叫别人先去死（侬先死）了。旧上海有家广东人开的"先施公司"，生意就不如"永安公司"好。因为在上海人听来，"先施"就是"先死"，哪有"永安"吉利？

其实广东人也是忌讳"死"的。广东人从来不说"气死我了""笑死我了"，而说"激生我""笑生我"。也不说"忙得要死",而说"忙得满天神佛"。广东人也忌讳与"死"同音的字,所以在广东,楼层没有四楼,门牌没有4号。他们还忌讳血,因此猪血就叫"猪红"。上海的规矩,则是探望病人不能带苹果,新娘上门不能吃瓜。因为在上海话中,"苹果"与"病故"谐音,"瓜"与"寡"音同。拎着苹果去看病人,等于咒人家"病故";新娘一进门就吃瓜,岂非存心要守寡?因此不但吃不得,也说不得。"梨"和"离"谐音,在一些地方就改叫"圆果"。也不能分着吃,以免"分离"。还有"钟",也不能作为礼物送人,尤其不能送给老年人,以免人家以为你是来"送终"。

可惜人总是要死的。死并不可怕,可怕的是"死无葬身之地"。于是棺材便是稍有积蓄者的必备之物。"棺材"就是"官"与"财",好像谁睡进去谁就升官发财。所以抬起棺材叫"升棺"(升官),抬进棺材叫"进材"(进财)。棺材的木材要好,钉子要多,叫"财丁(材钉)两旺"。然而一个人,死都死了,还升什么官,发什么财?莫非到"冥府银行"去当总经理,或者到阎王殿里去做财务?如果进了棺材就是升官发财,那么,反过来说,升官发财岂不等于进了棺材?很遗憾,不会有人来认这个死理。张冠李戴原本就是不讲道理的,只不过图个吉利罢了。

这就叫忌讳,也叫塔布。

禁忌种种

全国各地都有忌讳。

北方忌醋。因为"醋"与"错"音近。吃饭的时候,问人家"吃不吃醋",就更是会引起误会。结果北方一些地区(如山西)便干脆管醋叫"忌讳"。粤语忌肝。因为"肝"和"干"同音,结果猪肝叫猪润,鸡肝叫鸡润,豆腐干叫豆润。吴语忌药。结果吃药叫吃茶,真正的茶则叫"茶叶茶"。上海话甚至忌"鹅",因为"鹅"与"我"同音,弄不好"杀鹅"就成了"杀我",所以上海人把鹅叫作白乌龟。黑龙江富克山的淘金人连姓氏都有忌讳,姓吴、姓白的人进山淘金前先得改姓。因为姓白的进山是"白来了",姓吴又意味着"无"。

吃人的老虎当然也忌讳。于是北方叫大虫,温州叫大猫,长沙则把腐乳叫猫乳,把府正街叫猫正街,好像老虎一改名,就不再张牙舞爪,全变成"乖乖猫"了。但"虎背熊腰"不能说成"猫背熊腰","虎头蛇尾"不能说成"猫头蛇尾","虎踞龙盘"当然也不能叫"猫踞龙盘",而"猫视眈眈"或"不入猫穴，焉得猫子"就更不像话了。其实虎比猫好。猫总给人谄媚的感觉，虎则象征着生气勃勃，威武雄壮。要不怎么叫"生龙活虎"呢？实际上，虎劲、虎气、虎步、虎势、虎彪彪、虎生生、虎头虎脑，都是好词。所以，就连忌讳说"虎"的地区，也不忌讳说老虎钳、老虎灶。当然，虎也有不好的地方。比方说，老虎的屁股摸不得。不过，现在大小算个人物的，都牛哄哄，惹他不起。不要说"老虎"的屁股摸不得，便是"小猫"的屁股，也不好随便乱摸的，换个说法又能如何？

既然连"龙腾虎跃"的"虎"都忌讳，输钱的输，苦难的苦，倒霉的霉，便更在禁忌之列。于是广东人便管"丝瓜"叫"胜瓜"，管"苦瓜"叫"凉瓜"，管"草莓"叫"士多啤梨"。这个怪里怪气的名字几乎没有一个外地人听得懂。但如果你对广州人说："不就是草莓吗？"他们立马就会叫起来："衰过你把口！乜'霉霉'声啊！"

蚀本的"蚀"当然也说不得。这是全国各地都视为禁忌的。蚀本也叫折本。折，读如舌。所以"舌头"也不能说，得叫"口条"，苏州话则叫"门腔"。广州人、温州人和梅县人不但不肯"折"（蚀），还想有赚，便叫猪利、猪口赚和猪利钱。南昌人更绝，干脆叫"招财"（四川人也这么叫）。结果，猪舌头、牛舌头都不叫舌头，只有战争中抓过来问情报的俘虏才叫"舌头"。谁要是当了"舌头"，那就没好果子吃了。

社会方言中也有忌讳。

店家忌"关门"（破产倒闭）。于是吴语便把晚上关门暂停营业叫作"打烊"。烊的意思是熔化金属。店家白天收的都是碎银子,晚上得把它们熔化了铸成大元宝,当然要"打烊"了。所以"打烊"不仅不是"关张",简直就是"招财进宝"。即便当真破了产,也不能叫"关门",得叫"歇业",意思是先歇会儿,回头再来。

船家忌"翻",忌"沉",忌"滞",忌"住",忌"搁浅"。因此"帆"得叫"篷","幡布"得叫"抹布"或"云转布","盛饭"得叫"装饭""添饭"。"箸"因为在不同的方言中与"沉""滞""住"音近,就变成了"筷子",甚至变成了"双桨"(粤东)。此外,吃饭的时候,不能把鱼翻过来,也不能把筷子搁在碗边上。稍有不慎,便犯了忌讳。

戏班则忌"散"。但凡谐音"散"的,都得改别的词,比如雨伞就得叫雨盖、雨挡、雨拦、雨遮,还有叫"竖笠"和"聚笠"的。有一回新凤霞在后台说:"我先歇歇!刚跑到这儿,浑身都是汗,累得都散了架子了。"话音还没落,把头李小眼就大吼一声"忌讳"。接着又说:"你还是在戏班长大的,怎么这么外行哪?这个字是戏班儿的忌讳,你不知道哇?你怎么不说是拆了架、碎了架?"拆了架、碎了架是个人的事,散了架可是戏班里最大的灾难,所以新凤霞非挨一顿臭骂不可。

城门失火,殃及池鱼。"散"不能说,不但连带着"伞"成了忌讳,就连"三"也有了麻烦。方言中带"三"字的词似乎都不怎么好,比如三只手、三脚猫。上海话就更是如此。瘪三、猪头三、勿来三、弹老三(死),都不好。其实这是赶巧了，并没有什么内在联系的。人都是两只手，靠两只手劳动谋生。扒手、小偷暗地里藏着一只，专门窃取不义之财，当然是"三只手"。猫都是四条腿，四条腿的猫才能抓老鼠。一只猫如果叫唤起来像只"猫"，"老鼠"却抓不到一只，当然是"三脚猫"。至于"猪头三"，不过是"猪头三牲"的缩语，意思是牲口、畜生；而"勿来三"则是"事不过三"的意思。男人女人做爱，一夜之间，最多两次，勿来三。如果居然来了三次，那就是"来劲"了。所以"来三"也有"来劲"的意思，比如"迭个人做事体牢来三咯"。有人说"来劲"一词是从妓院里传出来的（《说北京话》），我怀疑"来三"也是。

忌讳"四"的似乎只有广东人，北方人不怎么忌。北方人送礼，常常是四样，叫"四彩礼"。他们的酒席上，也常常是四凉四热，四大件四冷盘，还要吃"四喜丸子"。"五"和"七"也不忌，但也不特别喜欢。特别喜欢的是六、八、九。六谐音禄，八谐音发，九谐音久，是全国各地南方北方都喜欢的。其中，做官的特别喜欢"六"，经商的特别喜欢"八"，当皇帝的则特别喜欢"九"。当然，也有例外。比如姓王又排行第八的，就最好不要叫他"八爷"。"八婆"也不能叫。在粤语中，"八婆"是指那些爱管闲事又神神叨叨令人讨厌的女人，也叫八卦婆，相当于北京的"事儿妈"。如果这女人是姑娘家，就叫八卦妹或八妹。八婆或八妹是不会让你"发"的。所以广东人也不喜欢。

说一不二

都不怎么喜欢的是"二"。

在各地方言中,"二"字打头的词都不咋的。不是二流子、二赖子、二混子,就是二竿子、二愣子、二毬货,要不然就是二百五、二皮脸(不知羞耻的人)、二五眼(没有眼力的人)、二把刀(即半吊子)、二二丝丝(优柔寡断)、二拉八当(犹犹豫豫)。此外,二心(异心)、二乎(畏缩、犹疑、没指望)、二话(阴阳怪气的话)、二婚头(再婚者),甚至二郎腿、二道贩子,也都带着贬义。再如成都话"二不挂五"(不正经)、南京话"二五郎当"(马虎)、西安话"二腻八争"(做事懒洋洋),都是"二"字打头的,也就二锅头还凑合。

其实说"一"的也不见得都好。一言堂、一窝蜂、一锅粥、一团糟就不好,一败涂地、一筹莫展、一蹶不振、一落千丈也不好。但人们就是喜欢"说一不二"。

为什么"二"不招人喜欢呢?因为谁都想当"一把手",当"老大"。老大老二,说起来差不太多,实际上地位差得远。比如"二房"就不如"大房",甚至不如"三姨太"。事实上一说到"二",就有低人一等,或者差劲、不够档次的意思,比如"二手货""二婚头"。二手货未必就不好,二婚头也没什么不光彩,但给人的感觉却好像是吃了亏,至少意味着没钱没办法没能耐。有钱谁买"二手货"?有办法谁娶"二婚头"?有能耐谁愿意当"二把手"?不能"一",只能"二",总有那么一点"沦落""屈就"的味道。

因此只要有可能,大家就"说一不二"。实在不行,就说"两"。比如上海人就把"二路车"叫"两路车",把"一二三"叫"一两三"。二和两又有什么区别?两,有"双方"的意思。比如两便、两可、两全其美、两相情愿、两败俱伤。更重要的是,这"双方"还是平等或对等的。"二"就没有这个意思。一说到"二",就有大小,就有先后,就有个排序的问题。所以,但凡平等或对等,就只能说"两",不能说"二"。比如"两岸"不能说成"二岸","两边"不能说成"二边","两面"不能说成"二面","两造"(诉讼的双方即原告和被告)不能说成"二造"。两汉、两晋、两宋,两湖、两广、两江(清初的江南省和江西省),还有两党(执政党和在野党)、两极(南极和北极)、两栖(水中和陆地),也都是。如果说成"二",那么请问谁是"老大"?

两,不但意味着双方的平等或对等,还有和谐统一的意向,比如两口子、两公婆。即便"两面派",也得把那"两面"弄得"天衣无缝",让人看不出来。所以"有两下子"

和"二把刀"不是一个概念,"两手都要抓,两手都要硬"也不能说成"二手都要抓,二手都要硬"。北京人甚至发明了"俩"这个字。俩,是两人,不是二人。也不简单的只是"两个人",还意味着这两个人在一块儿。因此,说"他俩""咱俩",显然比说"他二人""我们二人"在语感上要亲切得多。尽管"俩"还有"少"的意思(比如"俩钱"就是没多少钱),但这并不妨碍亲切感。相反,人越少,岂不越亲切?

二,就没有这种语感。它并不意味"少",只意味"次";也没有亲切感,反倒显得等级森严。实际上,"二把刀"是相对"一把手"而言,"二流"也是相对"一流"而言。"一把手"是能干的人(比如"里里外外一把手"),"二把刀"就不咋的了。同样,"一流"是"上流","二流"就有"下流"之嫌,于是"二流子"就成了"下流货"的同义词。"二竿子"也一样。明白人都只有"一竿子",做事情"一竿子插到底"。如此,则"二竿子"就是犯混、没谱、愣头愣脑、傻里呱叽,还自以为是,也就是"愣头青"。

二竿子也叫二愣子、二百五、二毬货。"二百五"有"半吊子"的意思。古时一吊钱一千文,半吊五百。但五百还是整数,因此再减半,二百五。显然,二百五比半吊子还要半吊子,当然是骂人的话。

二毬货也是。毬,在北方方言尤其是西北方言中指男性的性器官。用性器官和性行为的称谓骂人,在各地方言中屡见不鲜。为精神文明计,恕不一一列举。问题是性器官未必就是什么坏东西。没有它，人也不成其为人，为什么竟然成了骂人的话？原因之一，就在于它不幸"排行"第二。人身上，显露在外，最重要、最不能没有的是头，其次就是性器官了。所以男性性器官在许多方言中也叫"老二"，还有叫"小弟弟"的。

性在世界各民族中都是禁忌。要做，只能偷偷摸摸地做；要说，也只能拐弯抹角地说。连带性器官，也绝不能"抛头露面"，而且永无"出头之日"。屈就"老二"，已是不幸；不能"出头"，更加窝囊。于是性器官就成了不祥之物，甚至连来月经都叫"倒霉"，而男人看见了女人的经血则叫"倒血霉"。其实性是人类的正常需要和正常行为，没什么不祥和可耻的。问题在于，一方面它是人类不可遏制的冲动，另一方面又受到社会的禁忌和压抑。这就两难。做吧，好像"不要脸"；不做，又忍不住。于是便迁怒于性器官，都怪它"不是东西"，"不干好事"。此种心理，以男人为尤甚。所以用性器官和性行为的称谓来骂人的，便主要是男人。他们用自己的性器官骂，也用女人的性器官骂，一副苦大仇深的样子，好像受了多大的牵连和委屈似的。

结果连"老二""二哥"也不能随便乱叫。只有山东例外。山东人崇拜武松。叫你"二哥"，那是拿你当武松。如果叫"大哥"，岂不成了武大郎？所以你别小看方言，也别小看禁忌，这里面讲究大了。

口彩

有钱,就有挣钱的人,捞钱的事。

钱多的主叫"款",也叫大款、款爷。钱少点儿的,叫"款哥""款姐"。挣钱多的活儿则叫"页子活"。不是"款"也不是"腕",又没"页子活"可干,还想过上"幸福生活"(不是贫嘴张大民的那种),那就只好自个儿想办法了。于是有"练摊"的,有"蹭饭"的,有当"托儿"和干"走合"的,还有切汇、抄肥,黑了心宰人的。"练摊"就是摆个小摊儿挣俩小钱,"蹭饭"就是厚着脸皮不花钱白吃白喝,"托儿"就是冒充顾客帮着雇主推销东西(往往是假冒伪劣),"走合"就是在买方和卖方之间牵线搭桥利用差价牟取好处,"切汇"就是在外汇交易中扣下一方应得的部分款项,"抄肥"就是看见有油水的买卖就捞他一把,或者拦路打劫,半道里把货截走,北京人称之为"驴叼夜草"。反正怎么着也得想办法"扎款"(搞钱)。

君子爱财,取之有道嘛!但不管怎么说,钱,总是大家都喜欢的东西。"恭喜发财"之类的话，大家也都喜欢听，尤其是逢年过节。年，在中国人心目中是道"坎儿"，所以也叫"年关"，不能"过不去"。不但要过得去，还要过得好，因此得说吉利话，不能犯忌讳。不小心犯了，也得文过饰非。比方说，打碎了东西，是忌讳的。解决的办法，则是赶紧说"岁岁平安"或者"越打越发"。

吉利话叫"口彩"，也叫"意头"。广东人最讲意头。比如发菜蚝豉叫"发财好市"，发菜猪手叫"发财就手"，发菜香菇叫"发财金钱"，是逢年过节非吃不可的，好不好吃都要吃（近年因环保则改吃生菜，意谓"生财"）。粤语"橘""吉"同音，年前便家家户户都要从花市买回一盆金橘。又是金，又是吉，自然吉利得可以。近年的习俗，是有人来拜年时，送礼待客之物，除了橘子，还有苹果，意思是"吉利平安"。闽南一带也这样。

年糕则是南方许多地方都要吃的，江浙一带更是年夜饭的头一道，意思是"年年高升"。台湾吃鸡，因为台湾闽南话"鸡""家"同音，吃鸡就"发家"。闽南吃萝卜，因为闽南话萝卜叫"菜头"，吃萝卜也就是吃"彩头"。有些地方大年三十晚上要烧芋头吃，意思是"遇头彩"；亲人出门上路也要以此饯行，意思是"遇好人"。

北方过年吃饺子。饺子就是"交子"，本来就很吉利。北方人还嫌不过瘾，又管饺子叫"元宝"（至少过年时得这么叫）。饺子煮在锅里，如果不小心煮破了，不能叫"破"，得叫"挣了"。挣了元宝,当然是好事,因此也吉利。

吉利是大家都喜欢的,倒霉是大家都不喜欢的。倒霉在粤语中叫"衰",它同时也有缺德、讨厌的意思。比如"边个咁衰,整到呢度咁污糟",就是"谁这么讨厌(或谁这么缺德),弄得这里那么脏"。不过同样是"衰",语气也有轻重。衰公、衰婆、衰人、衰神、衰鬼豆的语气较重,有下流坏、下贱货、坏家伙、倒霉蛋、讨厌鬼等意思;衰仔、衰女的语气轻一些,多半指那些调皮捣蛋的男孩和女孩。但不管怎么说,衰,不是好事。

为什么"衰"就不好呢?因为"衰"有衰落、衰退、衰减、衰弱的意思。你看和"衰"字沾边的,哪有什么好词?不是衰败、衰竭、衰萎,就是衰老、衰朽、衰亡。难怪广东人要讨厌"衰",或把讨厌说成"衰"了。

和"衰"相反的是"兴"。兴,意味着兴盛、兴旺。这是大家都喜欢的。不知是不是这个原因,兴,在方言中就还有两个意思,一是允许,二是或许。的确,运气这东西,是兴来兴不来(可能来可能不来)的。倒霉的事,大约也是兴来兴不来的。哪能因为我们讲忌讳,讨口彩,就一定会来或一定不来呢?

忌讳和口彩的兴衰,或者也可以作如是观。

指桑骂槐

方言费解、难懂、易生歧义,所以还是要说普通话。

然而方言又是很有趣的。同一件事情,用方言说,就可能比普通话有趣。

麻烦与趣味

方言这玩意儿，有时想想是很麻烦的。

比方说日本。在东北人嘴里好像是"一本"，在湖北人嘴里好像是"二本"，到了上海人嘴里，又好像是"十本"了。到底是几本？其实一本也不本，是日本。

方言中的麻烦不少。除了语音的问题，还有词汇的问题。比如广州话把危险叫作"牙烟"，把儿媳妇叫作"心抱"，就很费解。危险怎么是牙齿冒烟呢？儿媳妇又怎么能用"心"去"抱"？"本地状元"的说法也很可笑。所谓"本地状元"，其实就是麻风病人。如果"本地状元"是麻风病人，那么"外地状元"是什么病人？更可笑的是把"合在一起凑在一块儿"叫"共埋"。我想和你一起吃饭，就叫"我想共埋你食"。外地人听了，还不得吓出一头冷汗？共埋？什么共埋？殉葬啊？

想想广州人也真有意思。他们忌讳"死"，却不忌讳"埋"，说"埋"的事情不少。比如进店叫"埋栈"，入席叫"埋位"，靠岸叫"埋头"，算账叫"埋数"，结束叫"埋尾",结账叫"埋单"。埋什么单?当然是账单。北方人不懂"埋单"是什么意思,只知道埋单的时候要付钱,便想当然地写成"买单"。后来弄清是"埋单"了,又猜想这大约是因为广东人要面子,才会用钞票把账单"埋"起来。其实"埋"在粤语中,有"靠拢"和"闭合"的意思。所以"埋柜"可以暗指抢劫(抢劫要靠近柜台),"埋街"也可以暗指从良(意谓妓女关门不再做皮肉生意)。埋单,则应该理解为把账单"合"起来,而不是"埋"起来。它既不是拿钱购买账单,也不是用钱埋葬账单。

方言费解、难懂、易生歧义,所以还是要说普通话。

然而方言又是很有趣的。同一件事情,用方言说,就可能比普通话有趣。广州有句话叫"砂煲兄弟"。砂煲兄弟也就是酒肉朋友,但比"酒肉朋友"更俏皮,因为有双关的意义。广州人把混叫作捞,把泡叫作煲。混日子就叫捞世界,泡电话就叫煲电话粥。吃砂锅,是既要"煲"又要"捞"的,所以"砂煲兄弟"就是一起混世面煲生活的人。至于他们"煲"的是不是"无米粥"(没有结果的事),那就只有天晓得。

这样形象生动的说法全国各地都有。成都话"贴心豆瓣",上海话"连裆码子",武汉话"夹生红苕",北京话"柴火妞儿",和广州的"砂煲兄弟"都有异曲同工之妙。所谓"柴火妞儿",就是乡下姑娘;夹生红苕,就是又蠢又犟又不懂规矩的人;连裆码子,就是同伙;贴心豆瓣,就是心腹。但用方言一说,就特别有味儿。尤其是"贴心豆瓣",有一种只可意会不可言传的妙处和风味。四川人的豆瓣是拿来做酱的。酱谐音将，贴心豆瓣也就是心腹干将。但这干将再贴心，也不过豆瓣酱。豆瓣酱的用场，无非剁碎了做麻婆豆腐或者炒回锅肉。所以，当成都人说某人是某某大人物的"贴心豆瓣"时，讥讽调侃的味道便很麻辣。

其实，甭管什么方言什么话，只要说得好，说得漂亮，说得有趣，就有艺术性。艺高人胆大。北京人手艺（也许得叫"嘴艺"）好，就特别敢说。比如说一个人精，北京的说法是"要是长毛，就成猴了"；说一个人坏，是"拍拍脑袋，那脓水儿就能从脚底下流出来"；说一个人为了巴结别人东奔西跑地献殷勤，就叫"狗颠屁股三儿"；说一个人笨，则叫"人家偷驴，他拔橛子"。是不是很有趣？

方言为什么比较有趣呢？因为方言是民间话语，不像官话那样有许多讲究。官话的讲究是很多的，比如要求统一、规范、标准。不统一，不规范，不标准，就没法让尽可能多的人听懂，也就不成其为官话了。方言则不同。它原本就是"一方之言"。只要一个地方的人听得懂，就能成立，所以各地方言中都有一些外地人听不懂的词儿。

这种多样也带来了丰富。比如"打"，在粤语中就有十几种说法。除了一般的打，还有舂（用拳头从上往下打）、挞（用手背打）、揈（用手掌打）、凿（屈着指节从上往下敲脑袋）、做（悄悄地打）、砌（狠狠地打）等等（其他一些用粤语方言字表示的说法恕不一一列举），正所谓"怎一个'打'字了得?"。

这是古风。古人说话,其实比今人讲究。比如肌肉皮肤,在古代就不是一个概念。人曰肌,兽曰肉;人曰肤,兽曰皮。皮是和毛联系在一起的。毛长在皮上,所以说皮毛皮毛,"皮之不存,毛将焉附"。人身上没有毛,因此不能叫"皮",只能叫"肤"。同样,肉是可以吃的(肉食或食肉)。人不能吃,因此不能叫"肉",只能叫"肌"。"肌肤受之父母",不能说成"皮肉受之父母";而大老爷在堂上恐吓人犯,说"从实招来,以免皮肉受苦",实际上就有点不把人当人了。

后来就没有那么多讲究了。肌、肉,皮、肤,混为一谈。因为语言要统一,许多地方都得马虎一点,只好含糊其词。简单、含混、粗线条,才易于流通。所以普通话往往粗疏,方言反倒过细。比如"没有",闽南话就分"无"和"未"。无是不存在,未是还没有,一个立足于空间,一个立足于时间。但到了普通话那里,统统都是"没有"。

难怪方言的表现力比较强了。

吃不了兜着走

方言丰富、有趣,大家便都爱说方言,至少在亲朋好友们聊天时是这样。

聊天,北京叫"侃"(侃大山),上海叫"吹"(吹牛皮),广州叫"倾"(倾偈),成都叫"摆"(摆龙门阵),东北叫"啦"(啦呱),西北叫"谝"(谝传),新疆叫"宣"(宣荒)。其中新疆的说法最有意思。宣是讲,荒是远,也是荒唐荒诞,甚至只不过道听途说的"荒信儿"。宣荒,自然可以漫无边际地东拉西扯,从家长里短一直扯到地老天荒。闽南人的说法也很绝,叫"化仙"——乌龙茶一泡,榕树下一坐,看着潮起潮落、云散云飞,天南海北随心所欲地聊开去,便飘飘欲仙了。

方言中的许多惊人妙语,我怀疑就是聊天时聊出来的。方言不同于官话,除了有和官话相同的那些用途外,还多半用来说闲话。说闲话的特点是放松,是百无禁忌,用不着一本正经,周吴郑王。可以胡说八道,可以信口开河,可以张冠李戴，可以指桑骂槐，甚至可以不考虑语言的规范。因为万一"吃不了"，还能够"兜着走"。

事实上说话一旦随便，也就容易出彩。方言中很有些让人拍案叫绝的说法。比如一个人在别人面前张牙舞爪、耀武扬威，甚至叫板挑衅，武汉话就叫"抖狠"。抖，可以理解为抖擞，也可以理解为抖搂，还可以理解为振作（抖起精神）。不过，狠，是骨子里的东西。如果都"抖"了出来，一眼让人看穿，显然是不智之举。所以但凡"抖狠"者，多半都有些虚张声势。如果对方比他还狠，他就会一边开溜，一边说："你等着，我回去叫我哥来！"

北京话当中形象生动的说法更多。比如说一个人不识抬举，别的地方叫"给脸不要脸"，北京叫"给脸不兜着"。这"兜着"，就比"要"生动，鄙夷的成分也更重。意思说：你这家伙平时就没什么人赏脸，好容易有人给了，还不赶紧兜着？又比如一个人行为乖张，就说他"吃错药了"；脾气暴躁，就说他"吃枪药了"；态度恶劣，就说他"吃了耗子药"；无所畏惧，就说他"吃了豹子胆"；一点小事就兴高采烈，则说他"吃了蜜蜂屎"。蜜蜂是酿蜜的，蜜蜂屎想必也甜。但再甜也是屎。何况蜜蜂屎才多大一点？小甜头么！

上海人也爱说"吃"，比如吃牢（认定或咬住）、吃硬（碰硬）、吃瘪（压服）、吃慌（着急）、吃酸（棘手）、吃排头（挨训）、吃生活（挨打）、吃夹档（两头受气）、吃马屁（听奉承话）、吃花功（受人迷惑）、吃卖相（只看外表），就连开车开到路口过不去也叫"吃红灯"。红灯是管制交通的,怎么能"吃"呢?上海人也"吃"。

红灯能吃,豆腐就更是吃得。吃豆腐,就是占女人的小便宜。说些风话啦,做点小动作啦,嬉皮笑脸半真半假地挑逗啦,大体上属于性骚扰的擦边球,因此叫"吃豆腐"。豆腐白嫩,使人联想到女人的肉体;豆腐又是"素"的,意思是并无真正的性关系。所以,吃吃豆腐,在许多男人看来也没什么了不起。但如果碰到特别洁身自好的正派女人,也可能让他"吃耳光",甚或让他"吃官司"。

没有人愿意"吃官司",也没有人愿意"食死猫"。"食死猫"是广州话,意思是受冤枉背黑锅。广州人不说"吃",而说"食"。比如食谷种,就是吃老本;食塞米,就是白吃饭;食猫面,就是被申斥,相当于上海话的"吃排头";食碗面反碗底,就是忘恩负义,翻脸不认人。最让人看不起的是"食拖鞋饭",意思是靠与自己有密切关系的女人出卖色相过日子。"食拖鞋饭"和"吃豆腐"正好一对,都不怎么体面,但前者更没面子。

一个人,如果总是"食死猫"或者莫名其妙地"吃官司",那就是运气不好了。运气在吴语中叫作"额角头",也叫"额骨头"。额骨头也就是额头。运气为什么叫额头呢?大约因为运气是要"碰"的。人身上,最容易被"碰"的就是额头。所以,一个人运气好,在吴语中就叫"额骨头高"或"额角头高",甚至直接就叫"额角头",比如"侬今朝额角头",

就是"你今天运气特好"的意思。

野史中额骨头最高的人是苏小妹。苏小妹据说是苏东坡的妹妹,曾被苏东坡作诗取笑说:"脚踪未出香房内,额头先到画堂前。"可见其额头之高。小妹也不含糊,当即以老兄的长脸作答,道是"去年一点相思泪,今日方流到嘴边",也可见其脸面之长。看来兄妹二人都其貌不扬,一个"冲头",一个"马脸",正所谓"人不可貌相,海不可斗量"。

额骨头最高的神则是寿星。谁都知道,寿星的额头又大又高,还肉突突的,不折不扣的是一个"寿头"。然而在上海,"寿头"却是骂人的话。因此傻里傻气就叫"寿头寿脑",上了当还一点感觉都没有的则叫"寿头麻子"(也叫"寿头码子""寿头模子"),而呆头呆脑、土里土气、不懂世故、不通人情就叫"寿"。这就奇怪,难道做寿星不好?原来此"寿头"非彼"寿头"。它不是寿星头,而是猪头。江南习俗,冬至之前,要买猪头腌透风干以备敬神之用,又尤以额头皱纹如"寿"字者为上选,叫"寿字猪头",简称"寿头"。(请参看薛理勇《闲话上海》)所以,寿头的意思就是猪。显然,谁要是做了寿头,或被看作寿头,旁边便多半会有人在磨刀子了。

"寿头"既然是猪,"冲头"也跟着倒霉,都被看作是最好欺负,不斩白不斩的"戆大";而怂恿那些"寿头寿脑"的家伙冲锋陷阵盲目行事,自己坐收渔利的行为,就叫"斩冲头"。上海人一个个"门槛精来兮",好容易逮住一个"寿头",岂有不狠狠"斩一记"之理?

真不知长着一个大冲头的寿星老儿听了会作何感想。

大约也只能"吃不了兜着走"了。

捣糨糊，还是倒江湖

上海人把傻叫作"寿"，成都人则把傻叫作"瓜"，比如瓜儿（傻子）、瓜兮兮（傻乎乎）、瓜眉瓜眼（傻头傻脑）。傻为什么是瓜呢？原来这"瓜"不是西瓜南瓜冬瓜葫芦瓜，而是"傻瓜"。去掉一个"傻"字，就成了"瓜"。

猪头变寿头，傻子变瓜儿，其实都是方言在"捣糨糊"。它总是在那里指桑骂槐。其结果，是弄得我们连这三个字究竟是"捣糨糊"还是"倒江湖"，也搞不清。杨东平先生的随笔集《最后的城墙》中就有一篇文章谈到这个问题。我同意东平兄的意见，"倒江湖"也好，"捣糨糊"也好，都有点调侃，有点无奈。但"倒江湖"在调侃无奈的同时，毕竟还多少有点身手不凡、高深莫测的英雄气，"捣糨糊"就纯粹是调侃甚至嘲讽了。它往往有胡日鬼、瞎折腾、惹是生非、调皮捣蛋的意思，也指那些成事不足，败事有余，浪头很大，货色不怎么样的人。你想，糨糊就是糨糊，再捣也是糨糊。捣得越起劲，就越可笑。再说，什么不好捣，捣糨糊？所以，谁要是自称"捣糨糊",那他不是自谦,就是自嘲。

然而语言又是需要"捣糨糊"的,因为生动。

北京人就最会"捣糨糊"。

北京人是语言天才。话语到了他们嘴上,就像足球到了贝利脚下一样,怎么玩怎么转。一个普普通通的词,他们也能玩出花样来。比如"菜",是普通得不能再普通的词,可北京人却整出颠菜(走人)、来菜(好事来了)、出菜(出活、出产品、出成果)、瞎菜(抓瞎)、歇菜(歇着)、晕菜(晕头转向)一连串新词儿出来。这可真是会做"菜"了。至于这些"菜"之间有什么关系,那就只有天晓得,所以是"捣糨糊"。

北京人"捣糨糊"的招数很多。一般地说,有移花接木、掐头去尾、颠三倒四、含沙射影好几种,总的来讲是怎么好玩怎么说,怎么俏皮怎么讲,哪怕把话倒过来说。

比方说"爷"这个词,原本是尊称,可在新北京话当中,就未必。许多被称作"爷"的,其实不是"爷",也没人当真把他们当"爷"。帽儿爷(土里土气、傻头傻脑、没见过世面的人)就不是,板儿爷(拉平板三轮车的)也不是,侃爷和倒爷,包爷(包揽讼事的人)和揽爷(招揽顾客住店的人),当然也不是。还有"捧爷",是专门给人捧场的,能算"爷"吗?诸"爷"之中,也就"款爷"还对付。但他和这么些"爷"们混杂在一起,就算是"爷"也不是"爷"了。事实上,款爷们虽然一个个财大气粗牛气哄哄,北京人还真不会打心眼里把他们当回事。不就是有俩钱吗?拿去买两根蜡烛三刀纸，爱上哪儿烧去！

拉平板三轮车的是"爷"，开的士的则叫"哥"（的哥）。同样，成了"腕儿"的各路明星也不能叫"爷"，只能叫哥叫姐，昵称"星哥儿""星姐儿"，好像自己家里人似的。其实"星儿"们即便是哥儿姐儿，那也是大哥大、大姐大。他们成不了咱的哥们姐们，就像帽儿爷永远都不会被人当爷看一样。这就叫"星星不是那个星星，月亮也不是那个月亮"。如果星星还是那个星星，月亮还是那个月亮，那还叫"捣糨糊"吗？

其实北京人自己就是"爷"。正因为自己是"爷"，因此拿谁都敢"开涮"。北京人损人的本事是没得比的，讲究的是骂人不吐核儿。比如脸上皱纹多，就说人家"一脸的双眼皮儿"。双眼皮是大家都喜欢的，一脸的双眼皮就哭笑不得。更损的是说人家"一脸的旧社会"。所谓"一脸的旧社会"，就是一脸苦相。但再苦，也不能把人家打发到旧社会去呀！

这也是北京人"捣糨糊"的招数之一——用政治话语开涮。杨东平说得好："政治是北京生活的盐。没有政治，北京生活就会变得寡淡无味。"（《城市季风》）同样，没有政治，北京话也会变得寡淡无味。所以，你常常会在新北京人的嘴里听到诸如反动、叛变、苦孩子、根正苗红、水深火热、向毛主席保证、不能干阶级敌人想干又干不了的事情之类的政治术语。但如果你认为他们是在讲政治，那就大错特错了。实际上，他们只不过是在给自己说的话撒点味精加点盐。因此，当他们使用这些政治话语时，多半都是活用、曲用，甚至反用，比如"挖资本主义墙脚"。

　　这就不但是"捣糨糊",而且也是"倒江湖"了。事实上新北京话中也不乏江湖气。匪、狂匪、不齐、浑不齐,在北京是"拔份儿"的。拔份儿有出风头的意思,但和上海的"掼浪头"不一样。"掼浪头"往往是虚张声势,"拔份儿"却常常要动真格的,至少要真能豁得出去,"是条汉子"。上海是没有什么"汉子"的。赵无眠先生开玩笑说,鲁迅在上海住了那么多年,也才住出"四条汉子"来。(《南人北人》)不是"汉子",又要"掼浪头",便难免有些"开大兴"的味道。开大兴,就是装假、作伪、信口开河、胡说八道,说一些不能兑现的大话和空话。大兴,即大兴街,在上海南市小西门外,原本是专门加工非真金首饰的地方。首饰当然是真金的好,真金的贵。所以,大兴货便有便宜货,甚至假货的意思。开大兴,也就是广州人所谓"大只讲"(说大话)了。

　　其实北京人也说大话的。"老子天下第一,谁敢叫板起腻?打噎就是烦你,只因身怀绝技",是不是大话?没法子,北京人即便是在"捣糨糊",我等也当以"倒江湖"视之。

活法与说法

的确，方言不仅涉及地域，更涉及文化。

什么是文化？文化就是人类生存和发展的方式。说得白一点，就是活法。有不同的活法（生活方式），就有不同的说法（表达方式）。就算是"指桑骂槐"，那"桑"也得因地制宜。比如北方有"狗腿"，南方有"蟹脚"；北方有"立马"，南方有"落篷"（收场）。"落篷"这话，北方人是不懂的，因为骑马的北方人不知那"篷"为何物。

上海人当然懂得"落篷"的意思。他们祖上就有不少是坐乌篷船进上海的。不过到了上海，就不坐船了，坐车。上海有汽车、电车、黄包车。如果要省钱，也可以"开11路电车"。所谓"11路电车"，其实就是人的两条腿；开11路电车，就是步行。这是典型的"上海俏皮话"——拿现代化生活方式来说事。这话后来别的地方也跟着说，如果他们那里也终于有了电车的话。没有电车，有公共汽车也行。

上海俏皮话或上海流行语总是打着这个工商业城市的烙印，

"商"味十足，工业味十足，世俗味十足。比如套牢、解套、价位、到位，就原本是股市和商界的术语，慢慢地也用于社会生活。一个人如果被某事缠得死死的，就叫"套牢"；而在餐桌上问人家"到位了吗"，则是问人家是否吃饱。

上海人是讲实惠的。就连说话，也讲究简明快捷，不喜欢拖泥带水。他们往往直统统地问人家"侬几岁"，根本不管对方是大爷，还是小姐。那语气，就像是在商店里问价。商店里的营业员也缺少"人情味"。他们常常会直统统地问人家"侬买哦"，而不会像北京人那样问"您瞧着哪件儿可心"。上海人的这种说话方式往往令北方人尤其是北方的老年人不快。北京人问人年龄，是有很多讲究的。问老年人，得问"高寿"；问中年人，得问"贵庚"；问青少年，得问"十几"；只有对小娃娃，才问"几岁"。饶这么着，也得多说几句："小朋友，告诉爷爷，几岁啦？"不兴直统统问人家"侬几岁"的。在北京人看来，这就叫礼数；而在上海人看来，这是啰唆。

上海人不喜欢啰唆。不是说上海人就不讲闲话。上海人也讲闲话的。而且，上海人有时比北京人还啰唆。一个中文名叫马天明的美国小伙子会说一口流利的普通话。北京人听了只有一句："嘿，哥们，够地道的啊！"上海人却会发出一连串的感叹："啊呀呀，马天明！你的中国话讲得这么好呀！你是在哪儿学的？学了几年啦？了不起呀！"但不难看出，上海人虽然话多，却没有废话。除表示惊叹外，还提出了问题，表示了好奇。

事实上，上海人即便讲闲话，速度也快，句子也短，信息量也大。他们说话就像办企业做生意,希望低投入,高产出,少支付,多回报,因此即便骂人,也不愿多说一句话,能短就短。一个字最好,两个字还行(如戆大、寿头、洋盘、瘪三、赤佬、推板、搭浆),三个字就很够意思了。上海人骂人、损人、批评人、对他人行为表示不以为然的口头禅,以三个字的居多,如阿木林(呆头呆脑、土里土气、容易上当受骗的人)、阿土生(没见过世面的土老帽)、十三点、猪头三。不要以为三个字就简单,其实里面的内容蛮"丰富"的。比如猪头三,是"猪头三牲"的歇后语,意思是牲口。又因为"牲"和"生"同音,便主要用来骂初到上海的陌生人。上海是个大世界,外地人和乡下人进了上海,总会有点晕头转向不得要领,因此但凡反应迟钝者均可谓之"猪头三"。又比如十三点,一般认为和"二百五"是一个意思。但二百五为什么是十三点呢?有人说是因为"痴"字十三画,所以也叫"福熙路"(也各是十三画)。又因为有个"点"字,因此"十三点"也叫"蜡烛",意思是"不点不亮"。还有"咸肉庄",是骂人尽可夫者的。咸肉意谓非鲜货,肉庄意谓可以卖。这可真是不折不扣的"指桑骂槐"了。

上海人的"三字经"当中常常包含着一个动宾结构,比如开大兴、轧苗头、放生意、拆烂污、讲斤头、掉枪花、搭架子、扳错头、塌便宜、寻开心、拆棚脚、扦头皮、掰雀丝、戳壁脚、轧台型、掼浪头、吃螺蛳、摆噱头等等。轧苗头就是察言观色,见风使舵;放生意就是做好圈套,设计害人;拆烂污就是不负责任，把事办糟；讲斤头就是讨价还价，谈判条件；掉枪花就是耍花招（摆噱头也是）；搭架子就是装样子；扳错头就是找岔子（掰雀丝也是）；塌便宜就是占便宜；寻开心就是戏弄他人；拆棚脚就是拆台；扦头皮就是揭短；戳壁脚就是说坏话；轧台型就是出风头；吃螺蛳就是说话结巴。如此多样复杂的内容，都可以用三个字的动宾结构来表示，恐怕就得归结为上海人喜欢这样一种形式结构了。

事实上，如果把这些俚语连起来念，是不难读出一种上海式节奏来的。精明的上海人对话语也精打细算。一个字构不成动宾结构，两个字能行，但不过瘾，也少了点味道，四五个字又多了点，还是三个字最合适，既省事，又有意思。比如"讲斤头"就比"讲价"有趣，"掉枪花"也比"搞鬼"好玩。所以上海人（也包括吴语区许多地方的人）喜欢这种三字动宾结构。就连维持表面的排场，也叫"撑市面"；就连骂人，也叫"骂山门"。

雅与俗

北京人就没有上海人那么匆忙。

北京人，尤其是老北京人，一般说来是比较悠闲的。北京不是工商业城市，没什么"时间就是金钱，效率就是生命"的观念，也犯不着节省什么时间。传统北京的主流社会是由达官贵人、公子王孙、文人学士们构成的。他们的生活节奏一言以蔽之曰慢。你想，官员要打官腔，文人要玩深沉，少爷要拔份儿，他们都要摆谱，也都要讲礼数，怎么能快？有点什么事，就屁颠屁颠的，那是"下人"的做派。上流社会是不兴"猴急"的。贵人多忘事，贵人话语迟。上流社会讲究的是处变不惊，见惯不怪，雍容华贵，闲适恬淡，温文尔雅，慢条斯理，才显得有派头，有城府，有底气，有修养，大将风度。上以风化下。上流社会带了头，弄得一城的人也都不紧不慢，迈着四方步，拎着鸟笼子。就连做生意，也跟钓鱼似的。大家都不着急，大家都不上火，反正大家都有的是时间。

有时间，就能把文章做足。北京人说话，最喜欢掰开了，揉碎了,从里到外又从外到里,不说到山穷水尽不罢休,非把死人给说活了不可。北京人是很能夸大其词的。比如说东西少,就说"还不够塞牙缝儿";说个子矮,就说"还没三块豆腐高"。你想一块豆腐才多高?个子再矮,也有三十块豆腐高吧?可北京人就敢这么说。

分量上要说够,数量上也要说够。比如说一个人又精又鬼,就说他有"三十六根转轴,七十二个心眼",够多的吧?因为要把文章做足,所以即便"指桑骂槐",那"桑树"也不能只有一棵。比如一个人小气,一般也就说他是"铁公鸡",北京人却能说出一连串的比喻来:"瓷公鸡,铁仙鹤,玻璃耗子琉璃猫。"这么些宝贝,当然都是"一毛不拔"。又比如说凡事都得付出代价,就说"打耗子也得有块肉皮,逮家雀也得撒把米";说一个人长得丑,不招人喜欢,就说"猪不嚼,狗不啃,姥姥不疼舅舅不爱"。姥姥舅舅是最疼爱外孙外甥的,猪狗则不怎么挑拣。一个人,如果当真弄得连猪也不嚼,狗也不啃,姥姥也不疼,舅舅也不爱,那可真是没什么指望了。

看来,北京人对待话语,讲究用好、用活、用够、用足。持这种态度的还有成都人。我在《读城记》一书中说过,成都人和北京人,大概是中国最爱说话的两个族群。他们都是一天不说话就没法过日子的"话篓子"。北京人管说话叫"侃",成都人管说话叫"摆"。北京人"侃大山",颇有些移山填海的气派;成都人"摆龙门阵",讲究的是闹热、麻辣、绘声绘色,有滋有味,没完没了,必须极尽铺陈、排比、夸张、联想之能事。成都人说话，也是十分"到位"甚至不怕"过头"的。比方说，红，要说"绯红"；绿，要说"翠绿"；白，要说"雪白"；黑，要说"黢黑"；香，要说"喷香"；臭，要说"滂臭"。总之，是要把文章做足，才觉得过瘾。

所以，成都人也有北京人那种举一反三、由此及彼的本事。比方说，弄虚作假，在成都人那里叫"水"；伪劣产品叫"水货"，而一个人说话不算数，或做事不到位，便叫"水得很"。由此及彼，则又有"水客""水功""水垮垮""水漩儿"等说法。再比方说，一件事情没有办成，就叫"黄"或"黄了"，其他地方也这样说。但成都人则进而发展为"黄腔""黄棒""黄浑子""黄苏苏"，甚至还有"黄师傅"和"黄手黄脚"等等。

不过北京话和成都话相比，也仍有雅俗之别。比如公共汽车上挤，成都人会嚷嚷："挤啥子挤啥子，进火葬场还要排队转轮子的么，瓜不兮兮的，出得倒门出不倒门？"北京人却会说："别挤了，再挤就成相片啦！"北京人比成都人幽默。

幽默是一种人生状态和人生境界。惟其如此，才能在大俗中见大雅。北京人是从来就不怕"俗"的。即便有"雅"的说法，他们也要换成"俗"的。比如惹是生非，在北京就叫"招猫逗狗儿"；班门弄斧，则叫"圣人门前卖《三字经》"。你不能不承认这些俚语比成语更有味道。鲁班门前弄斧头固然有点可笑，但要是真有三板斧呢？而最最"小儿科"的《三字经》居然拿到圣人门前去卖，那就实打实地可笑到家了。更可笑的是"别拿武大郎不当神仙",意思是要尊重人,别小看人,不要把人不当人。这就奇怪。要说"别拿吕洞宾不当神仙"还像回事,武大郎算哪路神仙呢?但反过来一想,又觉得特别有道理。你想吧,要是连武大郎都被当成了神仙,还有谁不是神仙?

同样,"八拜都拜了,就差一哆嗦",就比"事情只差一步,不要功亏一篑"有趣味;"他不把我当干粮,我也不把他当咸菜",也比"他不尊重我,我也不尊重他"有嚼头。民间话语从来就是最生动、最鲜活的,难的是用其俗而不至于粗俗、庸俗。北京人就能做到这一点。北京是不乏粗鄙粗俗的,比如母猪胡同、灌肠胡同之类的地名,但并不让人觉得俗气。因为北京是中国最大气的城市,有一种其他地方没有的精神。正是这种精神,使北京虽有粗俗粗鄙却不至于沉沦。实际上,所谓北京的精神,指的是一种高尚的人格理想、高贵的精神气质和高雅的审美情趣。它们只可能在北京这个千年古都的特殊环境中熏陶培养出来的。因此,尽管方言俚语都难免"俗",却唯有北京,能够化臭腐为神奇,用土得掉渣的话说出最具有艺术性的名言来。

再说雅俗

南京则又是一番风味。

如果说北京有贵族气，那么南京就更多文人气。南京是一个文人倜傥名士风流的城市。因此，尽管南京也曾有过辉煌时代和英雄业绩，却"被西风吹尽，了无陈迹"。人们记得住的只有"六朝金粉，秦淮风月"，只有乌衣巷的故事和桃花扇的传说。略带女人味的文人气使南京有些"英雄气短，儿女情长"，却也使南京平添了不少儒雅。

儒雅的证明之一，是南京的俚语俗话竟然可以对对联，或者说竟被人编成了对联，比如"桃干"对"杏核"，"皮脸"对"肉头"，"捣鬼"对"出神"。杏核，指小孩高兴（得意忘形则叫"兴得一头核子"）；桃干，指儿童逃学；皮脸，指不知羞耻；肉头，指没有决断。兴杏谐音，逃桃谐音。桃干杏核，不过"指桑骂槐"。但桃对杏，干对核，皮对肉，脸对头，捣对出，鬼对神，无论字面，还是内涵，都对得上，不能不承认是"工对"。

冯桂林主编的《中国名城汉俗大观》中收集了不少这样的对子，比如"坐冷板凳"对"钻热被窝"。一个人不被重用，就叫"坐冷板凳"；而要想改变处境，就得"钻热被窝"（巴结上司）。一冷一热，一动一静，一硬一软，全对上了。又如"眼睛会说话"对"拳头不认人"也很妙。一个六亲不认，一个八面玲珑，一个愣得不能再愣，一个精得不能再精，放在一起，对比十分鲜明。此外，如"脚面上支锅"（暂时安定）对"眼睛里出火"（看人眼红），"屁股上戴眼镜"（背光）对"喉咙里挂灯笼"（贪吃），都堪称绝妙；"推开窗子说亮话"对"站在楼上唱高腔"，"巧姐难炊无米粥"对"老娘不是省油灯"，也很好玩。俏皮话说到这个份上，就不是俗而是雅了。

不过上海人和广州人大约都没有这份雅兴。这是两个商业气很浓的城市，更看重的是经济实惠，而不是诗情画意。有一些词，虽然并无什么诗意，但在广州和上海使用频率却很高，比如"捞"和"轧"。广州人喜欢说"捞"。谋生、混日子、闯江湖叫"捞世界"；从别人不注意的地方下手，或者从不起眼的事情中获得很大的好处或利益，叫"捞静水"；得到了好处或利益，或者获得了成功，完成了任务，叫"捞鸡"；发迹、高升、飞黄腾达，叫"捞起"；没什么正当职业，专靠坑蒙拐骗过日子的人叫"捞家"；而出卖色相的女人就叫作"捞女"。反正世界是只大砂煲，就看你会"捞"不会"捞"。

上海人喜欢说"轧"。交朋友叫"轧朋友"，凑热闹叫"轧闹猛"，看风头叫"轧苗头"，插一手叫"轧一脚"，婚外同居叫"轧姘头",而受气吃瘪则叫"吃轧头"。"轧"也好,"捞"也好,在我们看来都不怎么好听,也不怎么雅——一个让人想到伸出手去抓,一个让人想到开着车去碾,但广州人和上海人似乎无所谓。

广州话中还有两个使用频率很高的词——揾和抵。揾是找的意思。觅食、谋生、找活路,叫揾食、揾钱、揾米路;宰客、骗人、讨便宜则叫揾丁、揾笨、揾老衬。抵指有价值的意思。到酒楼美餐,吃得大快朵颐,叫"抵食";到商场购物,买得称心如意,叫"抵买";到歌舞厅夜总会娱乐中心潇洒一回,玩得兴高采烈,叫"抵玩"。顾客满意,老板开心,看着大把的票子进账,心里暗叫"抵赚"。会赚钱的也会花钱,会花钱的多半也会赚钱,这就叫"抵手"(能干、有本事)。如果没有赚钱的能耐,那就只有坐以待毙,大约也就只好叫"抵穷"(活该受穷)乃至"抵死"(该死)了。反正一件事情做不做,要看"抵唔抵"(值不值)。抵,就做;唔抵,就不做。像北京人那样"侃"(侃大山),像成都人那样"摆"(摆龙门阵),大约"唔抵",那就算了吧!

当然,广州人也要"倾"(倾偈),也要"叹"(叹世界)。否则,就不会有"一盅两件叹早茶"的说法。叹,在粤语中是享受的意思。清早起来,在街上溜达溜达,然后走进酒楼,挑一张桌子坐定,即有小姐来上茶。再随便要一两样点心,便可以边吃边聊直到早茶收档,可真的称得上是"叹世界"(享清福)啊!

广州人要"叹早茶",上海人要"孵茶馆",但他们不会像成都人那样把茶馆当作"民间政协",也不会像北京人那样把侃大山当作一种"事业"甚至"职业"(比如说相声)。他们的"叹世界"也好,"小乐惠"也好,也比北京人的"找乐子"更多物质生活享受的成分。北京人的"找乐",更多的是因物质生活不足而到精神领域去"找补",因此很容易发展为"贫嘴"。可见同为世俗,各地也不完全相同。说起话来,自然就风格各异。关于这一点,我在《读城记》一书中已讲得够多,再写就成"捣糨糊"了,还是就此打住吧!

(全书完)

易中天

1947年出生于长沙。
曾在新疆工作,先后任教于武汉大学、厦门大学。
现居江南某镇,潜心写作。

读懂中国系列:

《中国人的智慧》
《中国的男人和女人》
《读城记》
《品人录》
《大话方言》

大话方言

作者_易中天

产品经理_林昕韵　装帧设计_朱镜霖 祝小慧　产品总监_王光裕
技术编辑_白咏明　责任印制_刘世乐　出品人_贺彦军

营销团队_魏洋 马莹玉 毛婷

鸣谢（排名不分先后）

刘朋 陆如丰 王维剑 张晨 孙谆 王菁 周颖 anusman 郑子宁

果麦
www.guomai.cn

以 微 小 的 力 量 推 动 文 明

图书在版编目（CIP）数据

大话方言 / 易中天著. -- 昆明：云南人民出版社，2024.5
ISBN 978-7-222-22739-2

Ⅰ.①大… Ⅱ.①易… Ⅲ.①汉语方言—方言研究 Ⅳ.①H17

中国国家版本馆CIP数据核字（2024）第076088号

责任编辑：刘　娟
责任校对：陈　迟
责任印制：李寒东

大话方言
DAHUA FANGYAN

易中天　著

出版	云南人民出版社
发行	云南人民出版社
社址	昆明市环城西路609号
邮编	650034
网址	www.ynpph.com.cn
E-mail	ynrms@sina.com
开本	880mm×1230mm　1/32
印张	5
印数	1–15,000
字数	99千
版次	2024年5月第1版　2024年5月第1次印刷
印刷	嘉业印刷（天津）有限公司
书号	ISBN 978-7-222-22739-2
定价	45.00元

版权所有 侵权必究
如发现印装质量问题，影响阅读，请联系021-64386496调换。